浙江省新型重点专业智库杭州国际城市学研究中心
浙江省城市治理研究中心成果

浙江智库
ZHEJIANG THINK TANK

王国平　总主编

南宋四大雅事

潘沧桑　著

中国出版集团
研究出版社

图书在版编目（CIP）数据

南宋四大雅事/潘沧桑著.
—北京：研究出版社，2024.1
ISBN 978-7-5199-1619-0

Ⅰ.①南… Ⅱ.①潘… Ⅲ.①社会生活－研究－中国－南宋 Ⅳ.① D691.9

中国国家版本馆 CIP 数据核字（2024）第 020561 号

出 品 人：赵卜慧
出版统筹：丁　波
责任编辑：孔煜华

南宋四大雅事
NANSONG SIDA YASHI

潘沧桑　著

研究出版社 出版发行

（100006　北京市东城区灯市口大街 100 号华腾商务楼）
天津联城印刷有限公司印刷　新华书店经销
2024 年 1 月第 1 版　2024 年 1 月第 1 次印刷
开本：787 毫米 ×1092 毫米　1/16　印张：14.5
字数：180 千字
ISBN 978-7-5199-1619-0　定价：82.00 元
电话（010）64217619　64217652（发行部）

版权所有·侵权必究
凡购买本社图书，如有印制质量问题，我社负责调换。

目 录

引 言 ································· 1

第一章 "四雅"产生的背景

乐于艺与游于艺 ······················· 8

物质基础与经济贸易 ··················· 14

城市发展与社会服务 ··················· 18

理学与美学的拥抱 ····················· 23

第二章 焚香：金炉次第添香兽

尚香小史 ····························· 32

行香之道 ····························· 40

香谱、合香及制香 ····················· 62

爇香之法 ····························· 71

香炉与香具 ··························· 76

第三章　点茶：雪沫乳花浮午盏

饮茶小史·····················108

宋代饮茶之风·················111

宋代贡茶与名茶···············114

点茶、分茶与斗茶·············119

茶书、茶诗与茶画·············126

点茶用具·····················134

第四章　挂画：挂画烧香书满前

张画小史·····················156

绘画理论的发展···············159

文人画家与职业画家···········161

宋代的书画市场···············162

关于挂画·····················167

第五章　插花：醉里插花花莫笑

插花小史·····················178

全民爱花·····················181

理论研究·····················186

插花风格·····················192

插花流派·····················202

花器花具·····················205

参考文献························220

引 言

南宋日臻成熟的宋式生活美学典范

宋代处于中国历史上重要的转型期，两宋高度发达的物质文化与精神文化在中国历史上达到了一个新高峰；宋代也是当时世界上最为先进、最为文明的国度，对世界文明进程产生了不可磨灭的影响。

宋文化集华夏文明之大成，开创中华近世文化新气象。至南宋，经过累世文明的厚积，尚雅的文化风潮渗透到日常生活的方方面面，由此树立起的宋式生活美学典范日臻成熟，对后世产生深远影响，也引领着当时人们的追求。盛行于宋代的"四雅"，就是其中的经典案例。

一

我们习惯用"柴米油盐酱醋茶"指代日常生活，但对于宋代文人来说，他们的生活必需品清单里还有"琴棋书画香酒花"。

以焚香、点茶、挂画、插花为代表的南宋"四雅"，通过嗅觉、味觉、视觉、触觉四个维度，将生活与美勾连在一起，不仅让宋人沉醉其中，也让当下的我们心驰神往。

焚香居于"四雅"之首，深受宋代文人的喜爱。静室一炉香，虚窗一杯茶，在氤氲的香气中读书品茶，静思冥想，可谓风雅之至。

挂画是指将名家或自己的诗词画作裱于卷轴之上，供自己清赏；或是在文人集会之时，将自己的得意之作或是收藏的字画悬挂呈现，与他人互相交流品鉴。

宋代爱花是全民之风，插花是其最重要的表现形式。宋代插花以"清""疏"的艺术风格为主，讲究素雅又不失明丽的简单美，用简约的技法、特定的花卉彰显主人情志，赋花木以人格，以花德意寓君子品德。

宋代茶文化中，点茶是颇具特色的饮茶方式。宋人将茶碾成细末，置于茶盏中，以沸水点冲，过程穷尽雅致，既是一种待客之道，又可展示品位与修养，唤起无穷回味。

由于宋人"四雅"活动渗透到社会各阶层，贴近日常生活，为我们近距离观察当时的政治制度、经济状况、商业贸易、社会组织、文化形态、居民生活提供了生动的案例。

二

南宋王朝繁花一梦，为杭州留下绵延不绝的文化气韵。除了西湖十景、南宋官窑、南宋皇城、德寿宫这些固化的文化遗迹，南宋"四雅"作为人们日常生活的一部分，就像是飘散在空气中的一缕轻烟、一丝花香，穿过了八百年，无声地塑造着这座城市的生命格调。

南宋发达的经济，为"四雅"的风行打下坚实的物质基础，也普遍提高了普罗大众欣赏艺术和参与艺术的能力。到了南宋，"四雅"已不再是专供少数人享用的精致生活，而是一步步走向民间。普通人家也可以通过购买"四司六局"专业机构的服务，享受到"四般闲事"的风雅与排场。据周密《武林旧事》记载，南宋时的临安城有23座喝酒品茶看演出的瓦肆。这一切都进一步促进了艺术的生活化和生活的艺术化。

而南宋文人则将日常生活中常见的焚香、点茶、挂画、插花赋予形式美学，与香文化、茶文化和花文化有关的诗词歌赋也大量涌现，文章笔记比比皆是，绘画艺术达到空前繁荣，为后人留下宝贵的精神和文学财富。

三

吴自牧在《梦粱录》中说："烧香、点茶、挂画、插花，四般闲事，不宜累家。"让人莞尔的是，我们称为"四雅"的焚香、点茶、挂画、插花，在宋人眼中却是"四般闲事"。这说明到了南宋时期，焚香、点茶、挂画、插花已然深深融入平常人家的日常生活中去了。

宋人的"四般闲事"，对我们当代人来说不那么容易掌握，因此敬称之为"花艺""茶艺""香道"等；可对宋人来说，这四件事真的可以信手拈来，与生活无缝衔接。

有条件的人家，尤其是文人士大夫家庭，都时兴起平日的生活插花，并将插花与焚香、点茶、挂画一起作为日常生活艺术享受；对于最让我们望而却步的"香道"，宋人也直白地呼之以"烧香"，因为也许从早晨起来一直到晚上就寝，打坐、会客，书房、卧房，香炉里的各色香就从没有断过烟火；至于"茶艺"，管它"龙团""凤团"，一律直呼"点茶"；更不用说"挂画"了，挂画的目的早已从早期的佛事供养，转而为自省或朋友间的作品欣赏和艺术鉴赏了，没有一定的功底岂敢登堂，可是宋人就是这么潇洒地告诉我们，这只是调剂生活的闲事罢了。

四

但若你以为宋人并不将这"四般闲事"放在心上，那你就大错特错了。在宋代文人心目中，"琴棋书画"固然是文人雅趣，但"四般闲事"却也并非等闲之事。所谓"小道可观"，方显坐看花开花落、静观云卷云舒的真性情。

这里的"烧香"并不是指求神敬鬼或祭拜祖先时的行香，而是特指"鼻观先行"的炉香，是通过嗅觉，调和五脏、净化身心的怡养之道。宋代的文人非常明白香文化的博大精深，为香撰写各种香谱，研究出的各类香方令人咂舌；"点茶"也并不是为了解渴，而是一种社交与礼仪，与"点茶"有关的知识被记录得洋洋洒洒，不可思议的是，这些记录中有当时的皇帝亲自实践的总结，名曰《大观茶论》；"挂画"，表达了宋人对绘画艺术的敬意，虽然谈不上多么深奥，但通过交流和自省，能够提升艺术修养与眼格；而对于"插花"的喜爱，则让许多宋代大文豪直接变身花农，荷锄除草、培土栽种、打剥嫁接，选育新品种，不亦乐乎，同时也是各种记录、各类花谱层出，内容有品种、养护乃至诗文传说，不厌其烦、无所不包。

宋代文人将"烧香、点茶、挂画、插花"作为代表高雅文化和精致生活的"四般闲事"，希望选择一种与众不同的生活方式、消费行为和审美趣味，塑造身份象征和文化品位，以树立自身独特的美学风范。

所以，宋代文人对这"四般闲事"的喜爱是发自内心的。他们对这"四般闲事"的种种探索和记录，为我们留下了宝贵的精神文化财富；他们创造的宋式美学典范，滋养了人们的生活和心灵；他们善于在日常的琐碎中发现美、创造美的精神，则又影响了一代又一代中国人，成为宋韵文化重要的组成部分。

因南宋文化与北宋文化不可分割的联系与延续性，本书在叙述"南宋四大雅事"时，会根据需要适当上溯北宋。

第一章

"四雅"产生的背景

第一章
"四雅"产生的背景

在中国生活美学史上,"四雅"文化占有重要的一席之地,具有非常现实的意义。五代韩熙载对插花与焚香结合的"香赏"提出"五宜说",是为"烧香、点茶、挂画、插花"结合的滥觞。南宋吴自牧《梦粱录》又把"烧香、点茶、挂画、插花"称为宋人"四般闲事"。

所谓"南宋四雅",其实是当代人从《梦粱录》"四般闲事"的内容中提炼而来。其中涉及的香、茶、画、花等内容,均可以追根溯源、自成体系,至南宋已产生相对固定的焚香、点茶、挂画、插花四雅组合,这是与宋代政治、经济、文化、社会的高度发展密不可分的。

乐于艺与游于艺

与让人血脉偾张的汉唐相比，赵宋似乎始终是一个理性内敛的朝代，宋人一方面讲求纪纲、法度，另一方面追求"天人合一"的和谐雍睦之气。有学者认为宋代统治者更关注"文治""礼治"，并初步具备"共治"理念，这与其他各封建王朝相比，无疑是一个巨大进步。

1. 乐于艺的帝王

历史为赵宋一朝安排了"乐于艺"的帝王。宋代的统治者普遍具有浓厚的人文主义情怀，擅于诗词歌赋、乐于琴棋书画的不在少数，许多也精于鉴赏古物，对艺术的喜爱蔚然成风。

从宋太宗闻喜宴当廷赐御诗开始，宋代的统治者就把文化当作理政的重要辅助手段，真宗则对包括当廷赐诗、赐花，恢复古礼在内的一系列制度进行完善，这一系列文化政策与礼仪制度至宋徽宗时达到顶峰。这位历史上最著名的艺术家皇帝，琴棋书画样样精通，对中国传统书法及绘画事业做出巨大贡献。他自创"瘦金体"，能山水，更擅花鸟，并对院体画的发展及促进院体绘画向文人绘画的转变发挥巨大作用；他收集鉴赏古物、编写画谱书谱，他对画院待诏的作品进行品评和点拨，更开创花鸟画一科，是一位水平超高的艺术教育家；徽宗儿子，南宋开国皇帝宋高宗赵构，还写了一部书法专著，并亲笔抄写儒家的六经，刻于石碑，安置在太学内。

宋室皇家作为艺术的重要赞助人和消费者，间接推动了"四雅"之风的盛行。宋代皇室喜好书画，曾多次派使臣到全国各地访求和购买。宋高宗在南宋初建"干戈扰攘际，访求法书名画不遗余力"，还"于榷场购北方遗失之物，故绍兴内府所藏，不减宣政"。

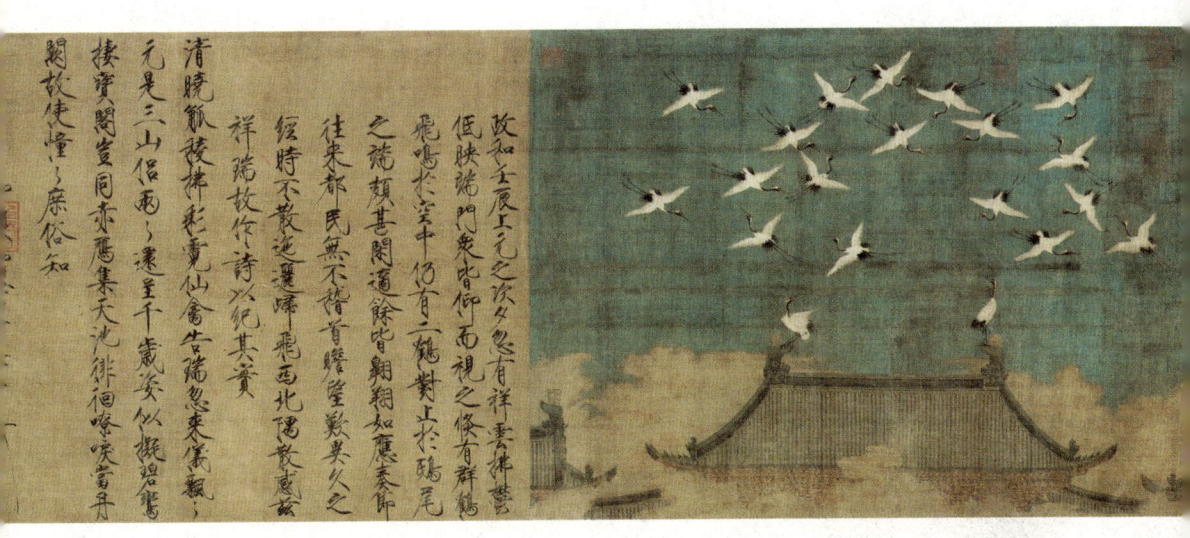

北宋　赵佶　绢本设色　《瑞鹤图》

　　而宋代皇帝甚至还直接成为"四雅"推广的代言人。宋徽宗对茶文化深有研究，并对一系列生活艺术有极大兴趣，他亲自实践并撰写《大观茶论》。《武林旧事》多处记载宫廷的赏花活动和插花作品，卷七《乾淳奉亲》则记载了太上皇赵构与儿子宋孝宗在德寿宫的一次赏梅、评梅活动，表明高宗赵构对梅花从品种至花型深有研究。这些都为南宋时期形成固定的"四雅"形式奠定了很好的基础。

　　相对于其他朝代，宋代统治者的民生政策也颇体现"恤民"情怀，比如节日的赐钱与放免。官府常在节日发放赐钱，并免去老百姓的房屋租金，体现朝廷与民同乐之意，力图营造节日气氛，刺激节日消费活动的开展，如元旦、元宵、冬至各放免租金三日。元宵节这晚，官方会出来赐钱给百姓，"帅臣出街弹压，遇舞队照例特犒。街坊买卖之人，并行支钱散给"。

　　另外还有节假日制度。南宋时有旬假，即每十天一次的休假。旬假起于汉代，至唐代已成定式，宋沿唐制。南宋初年，因时局不稳，旬假制度一度被打断，但战事稍缓，宋高宗就又下令恢复旬假制度，此后再未变更。节日，按宋宁宗时的《假宁格》，当时规定的国定假：元日、寒食、冬至五日；前后各二日。圣节、天庆节、开基节、先天节、降圣节、三元、夏至、腊三日；前后各一日。天祺节、天贶节、二社、上巳、重午、三伏、中秋、重阳、人日、中和、七夕、授衣、立春、春分、立秋、秋分、立夏、立冬、大忌、每旬一日。共计102天，去掉旬假，宋代各类节假66天。

可见宋代统治者煞费苦心，千方百计让各阶层的人们有钱有闲。相对宽容的政治环境，引导人们普遍追求高质量的生活，追求风雅高致的休闲娱乐。"四雅"的蔚然成风，与此息息相关。

2. 游于艺的士人

宋代是中国文人的高光时刻，大量的文人士大夫通过科举考试入仕，官僚阶层文人化倾向明显。他们进可以居庙堂之高，退可以处江湖之远。他们既受到良好的教育，又对社会现实有着比较客观清醒的认知，在参与"共治"的过程中，深刻地影响了统治者"文治"与"礼治"的政策走向。当他们身处庙堂之时，是以天下为己任、积极入世的改革家、政治家，而一旦离开庙堂，就会想方设法追求精神的自由，以实现"达则兼济天下，穷则独善其身"的理想。

作为宋室皇家与底层平民之间的过渡与桥梁，他们保留着一介书生的内心，深受"大隐于朝、中隐于市、小隐于林"思想的影响。"游于艺"常常成为宋代文人士大夫的日常活动，体现了他们从容涵养的生活态度和雅俗兼备的艺术风格。士人从"志于道、据于德、依于仁"出发，创新各种艺术门类，享受着包括"四雅"在内的各种生活艺术，优选出一种极高格调的美学调式，以此调节心情、丰富精神世界，提升思维的深度和广度。

宋代大量读书人出身基层，并未远离耕读世界，所以闲暇之余或政治理想受挫时，他们更善于营造自处的空间，哪怕是书房一隅的天地。至南宋，焚香、点茶、挂画、插花各自得到发展，熏香、插花已显示明确的独立性，不再依附于宗教之下，挂画也摆脱茶事内容的限制，山水、花鸟、人物肖像俱备。四项艺术活动进一步完成了组合，在日常生活礼仪中以相对固定的模式成套出现，但又会根据实际情况灵活拼接。

《南歌子》是宋代的一首词，作者是谁我们已不得而知，但它所描绘的场景使宋人的日常文艺生活历历在目："阁儿虽不大，都无半点俗。窗儿根底数竿竹。画展江南山景、两三幅。彝鼎烧异香，胆瓶插嫩菊。悠然无事净心目。共那人人相对、弈棋局。"在宋人审美世界里，雅致的小阁、几杆竹、两三幅画，有香、有花，还有棋逢对手的友人或者家人，便构成了生活的艺术空间。《寒窗读易图》（上海朵云轩藏）中那小小书房、数竿修竹、案上小瓶、疏梅两枝，不正是《南歌子》中"都无半点俗"雅致空间的生动再现吗？

而对于文人来说，品茶、焚香、挂画，与插花一道，都属于"幽栖逸事"。如是会友场合，他们一般还会加上题诗、抚琴、对酌、清谈，甚至对弈，既雅致又热闹。如是家庭内部的活动或是书斋独处，那更可以灵活组合，少些场面的声色，更多了温馨祥和的气氛。无论如何，香、茶、花、画是永恒的主题。

若恰逢园中某种花卉盛开，或是瓶插之作有了得意之思，或正巧得了好画或合了新方，则可以与朋友边赏花、边赏香、边观画，开展各类艺术活动。因此，尚雅之人以雅情行雅事的聚会——雅集便成了窥探士大夫休闲生活的微观世界。一些表现文人士大夫闲适、诗酒风流的文人雅趣场景画便得以出现，并流传至今。

两宋时期最负盛名的雅集当为"西园雅集"。召集人是北宋驸马

南宋 刘松年 纸本设色《琴书乐志图》 台北故宫博物院藏

南宋 刘松年 绢本设色《博古图》 台北故宫博物院藏

王诜，参会人员皆为当时的社会名流，如苏轼、苏辙、黄庭坚、秦观、李公麟、米芾等，或写书作画，或弹琴和曲，或赋诗题壁，或谈经论道。据不完全统计，历代著录的《西园雅集图》画作竟多达40余幅，可见其影响力之深远。文会雅集中，四般闲事自是不可或缺，古琴也是如影随形。"八音之中，唯丝为最，而琴为之首。"（桓谭《新论》）

对于会玩的宋代文人来说，闲暇之时，诗酒相得、谈文论画、宴饮品茗，边焚香、品茶，边赏花、观画，人生圆满。有好友志同道合，当然开心；只自己与香、茶、花、画独处，仍是赏心悦目。如果条件具备，四项全都上；如果不具备，那么选择其中一种或两种形式。或边焚香边赏花，为香赏；还有其他助兴，如诗赏、琴赏、酒赏等。各种形式相互结合，随意搭配。

这更证明了对凡事讲究"礼"与祖宗规矩的宋人来说，"四雅"确实是他们的闲事，它明显能帮助人们摆脱某些桎梏和束缚，获得难得的率性与随心，颇具治愈功用。

物质基础与经济贸易

南宋时期对生活艺术的追求不仅仅局限于王公贵族、达官贵人，而是呈现出全社会参与的状况。焚香、插花、点茶、挂画的大行其道，不仅需要文化氛围支持，更需要经济与物质的支撑。

1. 非农经济的发展

"四雅"是直接源于生活的艺术，必须要有物质条件作为基础。如"插花"及"点茶"需消耗大量花材及茶叶，而这属于非农经济作物范畴。非农经济作物能否得到大面积生产和发展，取决于农业生产种植是否广泛高效。据统计，随着农业种植技术的发展，到宋代，在以太湖流域为中心的两浙路地区，约1亩多地即可以养活一个人。同时，宋代土地私有制普遍发展，税制已由按户征收变为按地亩征收，允许土地自由买卖，出现了土地集约化和规模化经营的趋势。

这使农业的劳动生产力得到释放，商业性的农业从粮食生产中逐步分离出来，获得明显的独立发展。花卉、茶叶及药材种植在生产领域得到很大发展，商业性农业、手工业及服务业开始成为宋代GDP的有效组成部分。

由于整个社会对花卉的需求大大增加，花卉种植也从皇宫大内、官宦人家及寺院道观等特定场所向民间普及。随着新的农业分支不断脱离粮食生产而得到专业化的发展，出现了专业生产花卉的花圃及花户。南宋临安城内就出现大量以花卉为生的群体，形成专业的花卉种植户，他们积累了丰富的经验，掌握了相当高的技艺，花卉栽培的专业化分工反过来又促进了栽培技艺的提高。当时宋代已出现的各类专业市场中就包括花市，为"插花"所需的花材消费保障日常的供应。

同样地，宋代也出现了专门种植茶叶的茶园及茶户，政府每年的茶税收入极为庞大。茶叶不仅产量大，而且品种增多，茶叶的质量也有很大提高，为"点茶"作为生活艺术的普及奠定了经济基础。

2. 香料海外贸易

而对于最为风靡的"烧香"，官私宴席、朝堂礼仪、宗教祭祀都离不开，庞大的香料需求主要依靠进口。南宋时将船尾舵、水密舱壁、车轮舟、舭龙骨大量运用到远洋船舶技术中，航海造船技术处于世界领先地位，所造远洋海船具有优良的水密舱结构，多达12帆，可载千人，载货物百吨。同时还广泛运用指南针，南宋船工将水浮磁针与带有方位标志的部件组合成完整的仪器——"罗盘"，使航海业发生了革命性变化，保证了大规模的海上国际性商贸活动得以进行，海上丝绸之路得到空前扩展，海商贸易蔚然成风，与中国有贸易往来的国家和地区范围东到朝鲜、日本，西至非洲东岸、北岸各国。

泉州存有的一艘我国迄今为止发现的体量最大、年代最早的海船属于宋代。船舱内有13个水密隔舱，证明古代中国对水密舱技术的运用要比西方国家早数百年。

宋代玻璃饰品风行一时，温州作为沿海贸易港口，流行着来自中亚、西亚的琉璃和玛瑙。玻璃瓶出土于瓯海慧光塔，由海路输入温州，是伊斯兰玻璃手工业兴盛时期较典型的产品，瓶内所装白色细珠粒为影骨舍利。

北宋时香料的进口就已在外贸进口中占据首位，出现了专事香料贸易的"香舶"。南宋经济中心南移，政府大力开辟海上贸易，东南沿海的众多港口先后对外开放，后人称为"海上丝绸之路"，又被称为"香料之路"，因为香料是最大宗的进口物资。尤其是南宋前期，东南亚地区产沉香、檀香，东非、大食产乳香、龙涎香等"南香"

宋　持罗盘陶俑

宋　罗盘

北宋　蓝色磨刻花高颈玻璃舍利瓶

南宋　天封塔地宫出土玻璃瓶
（出土时内装香料）

福建泉州宋代沉船遗址照片

大量传入中国,海上丝绸之路一片繁荣。香料税成为宋代朝廷的重要财政收入来源,其税收占当时南宋政府岁收的十分之一。香料的大量进口,满足了南宋政府充足国库的亟需,也满足了日益炽盛的全民用香的需求。

城市发展与社会服务

宋代城市经济及社会服务尤为繁荣，给城市发展和居民生活注入了前所未有的活力，也为日常生活的文化娱乐提供了市场与空间，为"南宋四雅"的高度普及与深入人心提供了途径。

1. 厢坊制的设立

在唐及以前，城市管理制度不允许居民区和商业区混杂，坊和市是分开设置而且是被硬隔离的。唐代除了元宵观灯等节日外，夜间实施宵禁，居民被禁足在家不允许外出。宋代城市管理出现了革命性的变化，厢坊制取代了坊市制，厢相当于现在的区级行政管理单位，坊相当于街道办事处，深刻影响了中国当代城市的管理模式。商业区和居民区相伴而生，市内的店铺作坊随处可见，人们可以沿街开店、前店后坊，或者楼下开店楼上居住，同时取消了夜间宵禁。这样就出现了蓬勃的夜经济，营业时间也不再受限制，不但有夜市，还有晓市。在城市里还有固定市场和定期集市，以及娱乐场所。

南宋临安城是当时世界上城市管理水平最高的城市，设置十三厢八十九坊，其中城内九厢（含宫城厢），城外四厢。厢坊制极大促进了当时城市商业的发展，也促进了人口的流动，形成了包括花市、香市、茶市、画市在内的各类专业市场。有批发的也有零售的市场；有根据季节设置的季节性市场，也有风雨无阻定期出摊的市场等；一天之内有早市、日市，也有夜市，营业时间非常长，"近坊灯火如昼明，十里东风吹市声"。

据《武林旧事·卷六·诸市》记载，南宋临安城有"城北米市""炭桥药市""橘园亭书房""横河头布市""坝子桥鱼市"，还有马市、灯市、菜市、茶市、柴市、珠子市、生帛市及金银市、卦市等，分布在城市各处。而花市则集中在御街中段官巷及寿安坊一带。位于南宋临

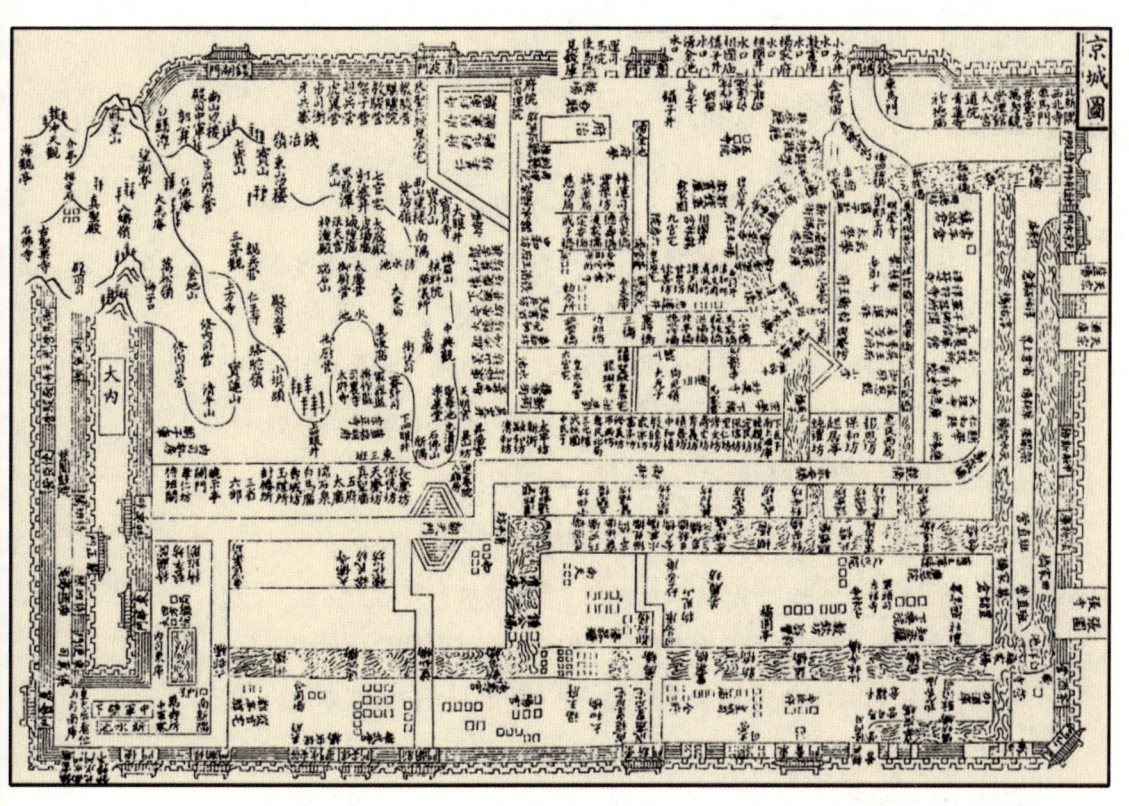

《咸淳临安志·京城图》

安城余杭门外的东西马塍，是当时全国最大的花卉栽培基地，也是当时全国规模最大的花卉经营场所，形成了各具特色的花卉园子。

两宋之际手工业和商业经济得到极大发展，社会分工不断细密，手工业和商业都有同业行会组织，称为"行"或"团"，"行"和"团"其实是同一个意思，有时又直接称"团行"；也指同类商品相对集中的经营区域。据《西湖老人繁胜录》记载，临安城内有四百四十行，当然这可能只是个虚数，但足以见得当时手工业和商业的发达。

当时的临安城内有"城西花团""城南之花团"和城内"官巷之花行"，这些都是集中的花卉市场，而"花团"和"花行"与一般花市不同的是，团行有协调花卉行业内部关系的职能，还承担了组织商户落实官府指定的差遣任务这一重要职责。这些组织网罗了各行各业的精英，不乏侍弄花卉的高手。

南宋时期临安还形成固定或非固定的书画市场，交易方式多种多样，且往往与古玩交易市场混合，既有固定的店铺销售，也有集市贸易，还有沿街席地而设的临时摊点，可谓不拘一格。而香市、香户等亦伴随海上贸易及用香的风行而出现，南宋临安城是当时全国有名的香药香料集散地，沿街香铺比比皆是，并出现发达的香料加工与销售业，所产脂粉被称为"杭粉"。

而伴随着茶文化的普及，南宋临安城内还兴起茶馆业，临安"处处各有茶坊"，《武林旧事》《都城纪胜》《梦粱录》等诸多文献对此都有详细的记载和描述。除茶馆外，宋代还存在一些性质类似于茶馆的茶摊、茶担及流动提瓶点茶人。如《梦粱录》记载临安城内"夜市于大街，有车担设浮铺点茶汤以便游观之人"，至于"巷陌街坊，自有提茶瓶沿门点茶，或朔望日，如遇吉凶二事，点送邻里茶水，倩其往来传语耳。有一等街司衙兵百司人，以茶水点送门面铺席，乞觅钱物，谓之'龊茶'；僧道头陀欲行题注，先以茶水沿门点送，以为进身之阶"。

2. 四司六局的服务

随着"四雅"生活的不断发展，与此相关的服务机构——四司六局应运而生。四司六局属于官方机构，最初专为宫廷宴会服务，宫廷凡有各类大型宴饮，各司、局各司其职，提供最精良的服务。而南宋皇室并不垄断这样的享受，官府和有条件的豪门贵族也可设四司六局，掌管宴会事宜。同时，市场上出现了可供租赁的相关服务，对于一般人家而言，有需要办各类礼席的，可花钱请四司六局人员上门提供服务。上至官绅，下至黎民，只要付费，都可以临时请其到家中代为操持宴会。如客人有特殊需求，也可提供"名园异馆、寺观亭台，或湖坊会宾"等私人定制服务。

《都城纪胜·四司六局》记载:"官府贵家置四司六局,各有所掌,故筵席排当,凡事整齐,都下街市亦有之。常时人户,每遇礼席,以钱倩之,皆可办也。"这就为"四雅"融入一般家庭的日常生活奠定了基础。

所谓"四司"分别是:帐设司、厨司、茶酒司、台盘司;"六局"分别是:果子局、蜜煎局、菜蔬局、油烛局、香药局、排办局。"四司六局"包揽了宴会的所有事务,包括烧香、点茶、挂画、插花。其中烧香服务属于"香药局",点茶服务属于"茶酒司",挂画及插花服务则均属于"排办局"。

"凡四司六局人祇应惯熟,便省宾主一半力,故常谚曰:烧香点茶,挂画插花,四般闲事,不许戾家。""四司六局"提供这类服务的人员都受过专业培训,技能水平一流,由他们提供专业的服务,可以让举办各类礼席的宾主省去一大半力。所以这"四般闲事"也随着"四司六局"专业人士,走进寻常百姓家。

"四雅"还伴随着尚宴风气迅速向社会各阶层漫延渗透,各色食肆在顾客等菜间歇,会有流动服务的老妇来打一个香篆,让食客们在袅袅香雾中体味用餐妙境;酒肆为了招揽客人、营造气氛,还会在店中悬挂名人字画,陈列奇松异石,用插花装饰门面,请乐手演奏歌曲;连遍布杭州都城的茶肆为了吸引游客,留住食客,也在室内插花、挂画……周到的服务令人如沐春风。

《都城纪胜》记载:"大茶坊张挂名人书画,在京师(开封)只熟食店挂画,所以消遣久待也,今茶坊皆然。冬天兼卖擂茶或卖盐豉汤,暑天兼卖梅花酒。"《梦粱录·茶肆》:"今杭城茶肆亦如之,插四时花,挂名人画,装点店面。"说的是在北宋都城开封时,只有较大的饭店才插花、挂画,而到了南宋临安城,连到处都是的茶铺都按这等规格来装点店面。杨万里《道旁店》"路旁野店两三家,侵晓无汤况有茶。道是渠侬不好事,青瓷瓶插紫薇花",正是描写了路旁小店的揽客之道。这说明,到了南宋,"四雅"活动已经深入街头巷尾,影响贩夫走卒。这时候无论是"雅"也好,"闲事"也罢,"四雅"已经成为商家招揽客人的手段,少了追风逐月的刻意,多了世俗生活的真实。

理学与美学的拥抱

南宋时期兴盛的理学,以"格物致知"的认识论著称,这后来也成为近世东亚文明共有的思想形态。而经过战乱洗礼的南宋文人,在理学思想的影响下,对生活与艺术的品鉴也较之前人更有自己的理解。

1. 格物致知与艺术品鉴

士人的知识储备为宋代艺术注入新的理念,"理趣"的思想应用到生活艺术中,使主体情感与人生哲理融为一体,注重自我领悟与胸中意气的表达,显示着宋人的精神内蕴与审美心理。他们把焚香、点茶、挂画、插花作为体悟生命、修身养性最理想的载体,把自己崇尚的品德赋予其中,以此塑造自己形象;而具体到每一种生活艺术和不同器用,宋代的文人们既有审美上的共性,又有自己独特的理解,从中找寻属于自己的精神气质。

"格物致知"指的是实践精神和科学精神,穷尽万事万物的原理,研究到山重水复的极致。在格物学这种严谨治学精神的指引下,文人们不厌其烦地对各类花草、各种香品归类、探究,并洞见其关联。

朱熹指出"众物必有表里精粗,一草一木,皆涵至理",这一理论对南宋插花产生深刻影响。各种花卉被赋予了一定的品格,人们借此抒发自己的理想和精神追求。南宋时期,梅、兰、竹、菊等自然草木之品性皆拿来寓示人性品格,插花取材也逐渐以之为主体,取代了北宋时期的牡丹、芍药。

朱熹(1130—1200),字元晦、仲晦,徽州婺源县(今属江西上饶)人。朱子是理学的集大成者。他建立以天理(忠、孝、节、仁、义、礼、智、信)为核心,以格物致知、正心诚意、修身齐家治国

清 《朱熹立像》

平天下为价值观的思想文化体系，并结合时代发展需要，进行综合性、多方面的创新。朱熹思想成为中国历史上从南宋末年至元、明、清官方的哲学思想和主流意识形态。

宋人论学多论天地万物之理，格物之学兴起。它要求人们静观万物，从中体会时光变迁、宇宙奥秘。文人士大夫阶层在兴起鉴香品香风尚之后，把香的功用提升到更加个人化的精神和文化层面上。"每闭阁焚香，静对古人，凝神著书，澄怀观道；或接引名胜，剧谈妙理；或觞咏自娱，一斗径醉；或储思静睡，心与天游。"

"格物穷理"重视物形、物理、物性的表达，这种表达可以是诗词、书画，也可以是形而下的焚香、点茶、挂画、插花，还可以用来解释宋代文人远超其他各朝的为香、为茶、为花著书撰谱的热情。同时极高的艺术修养，使文人士大夫极擅于捕捉并感同身受于自然物象形色情态的细微与变化。程颢说"万物之生意最可观"，理学家的生命哲学观念深刻影响着宋代文化的内省模式，深深影响了简约而不简单的宋式美学。

温文尔雅的文人墨客，学会了在美学领域创造并欣赏前人，深入体验韵味之美。他们的隐逸并非躬耕田亩的野隐，焚香、点茶、挂画、插花、抚琴……，注重心性的主体修炼，使得宋代文人能够保持个体人格的独立与自由，既不放弃世俗之乐，又能不为外物所役而获得隐逸的乐趣，守护和经营心灵深处那片只属于自己的精神家园，这使得他们的日常生活显示出高贵娴雅的气质。

2. 格物致知与器用之美

烧香、点茶、挂画、插花的盛行也带来器物文化的发展。伴随着"四雅"活动的深入，极大促进了与之相关的各类器用的发展。宋代香炉、香盒、花瓶、花盆、汤瓶、茶盏等一系列与焚香、点茶、插花相关的器具，无论是造型、样式还是质地，都得到登峰造极式的大发展。

儒家"礼"的思想在宋代得到进一步重视和推崇。宋代尊儒崇礼的时代背景、藏礼于器的制度需要、疑古求真的学术思潮，迎来了稽古作新的仿古器物风潮，客观上促进了宋代器用美学的发展。

宋以后出土器物增多，文人士大夫得以近距离考察这些珍贵的前朝遗物，由此研究古代钟鼎彝器、碑碣石刻，考辨今古文字的金石学兴起，关于金石的图录和考释之作就有八种。如吕大临《考古图》著录了200余件青铜器，《重修宣和博古图》收录839件古器。但宋

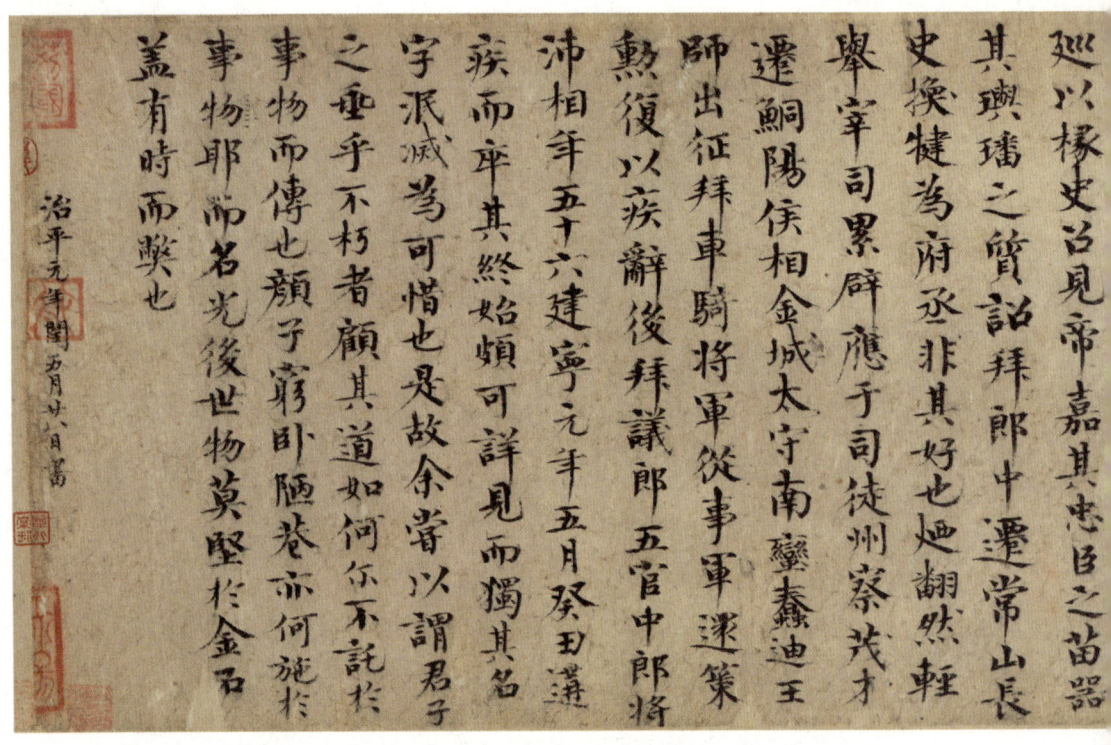

宋　欧阳修　纸本　行书《集古录跋尾》(局部)

人对于古器的使用态度却是灵活的，他们热衷于收藏鉴赏各类古器，并将之与"四雅"用器完美结合，改青铜礼器为实用器，变礼仪用器为陈设用器，"一枝自浸铜瓶水，喜与年光未隔生"。

欧阳修（1007—1072），字永叔，号醉翁，晚号六一居士，吉州庐陵永丰（今属江西吉安）人，唐宋八大家之一。一代文宗欧阳修倡导经学变古，践行史学改革，领导诗文革新，开创金石学。其历时十八年完成的《集古录》，是我国现存最早的金石考古学著作，记录了上千件金石器物、铭文碑刻，收集周秦至五代金石文字跋尾400余篇。

宋人尊崇"循古之意而勿泥于古，适今之宜而勿牵于今"的理念摹古仿古，大量仿古铜器被复制出来，其中不少则转化成了纯粹的生活艺术品。比如鼎，转为香炉的功能；壶，转为花瓶使用等。它们在满足器物功用的同时，彰显了宋代制造的水平。

3. 格物致知与心境之美

对于大多数宋代文人来说，"四雅"是学习之余的休憩，是劳逸结合、放空自我的疗愈，是清幽宁静生活的写照，是超脱尘世的美好。

正如南宋诗人陈著在《次韵梅山弟》一诗中所表达的，"挂画烧香书满前，丰标清出剡溪源"，挂画、烧香、读书，已然成为南宋文人的精神标志，通过可触、可嗅、可观的具体事物，足以为自己构建宁静的美好世界。

综上所述，南宋"四雅"这一现象级文化活动的发达并不是偶然的，而是当时国策方略实施、经济发展、文明兴盛的必然结果。宋人醉心"四雅"的背后，是华夏累世文明的厚积薄发，也是宋代历史环境、经济社会及科学文化发展共同作用的结果。

第二章

焚香：金炉次第添香兽

第二章
焚香：金炉次第添香兽

"香"是一种雅物，真正的贤者把它作为训练心性的媒介。自古以来，香草与香气常常与德行联系在一起，君王会选择煮熟谷物的香气来祭天，而士大夫则用芳草自喻。至宋代，虽然用香方法发生很大变化，但其中的奥义却没有发生根本改变，用香的对象和范围则更深入社会各个层面和生活的方方面面。宋人尤其是宋代文人，更热衷于将焚香的实用功能转化为生活艺术，并将之列于"四雅"之首。

尚香小史

中华民族的尚香文化源远流长，距今 5000 多年的辽西牛河梁红山文化晚期遗址出土了一件"之"字纹灰陶熏炉炉盖，虽无法确证是专用的香炉，但似乎可以追溯中国人熏香的起源。

古代中国人把香作为"五臭"之一，《庄子·天地》曰："五臭熏鼻，困惾中颡。"先秦时期，还没有出现真正意义上的生活用合香料，但人们在生活中开始使用香草、香木、香花等芳香植物。"秦汉以前，惟称兰、蕙、椒、桂。"许慎《说文解字》也如是解读："香，芳也。篆从黍从甘，隶省作'香'。"

这时的香草多用以佩香或沐香，最有名的代言人就是屈原，当然香草也可以直接焚烧以去除异味。除了佩戴、沐浴，以及焚烧熏香外，还以香入酒，用于祭祖。《礼记·郊特牲》记载了周人用香气浓郁的郁金调和成鬯酒，用来灌地献神，以使香气通达黄泉。此外，椒、桂也可入酒，用于宴会饮用。

熏香专用的熏炉，最晚在战国时期已大量出现于南方地区。战国长沙楚墓中出土大量陶质熏炉，一些熏炉内尚存未燃尽的香料和炭末。据统计，《楚辞》记载当时芳香之物的品类共计三十四种，有江离、白芷、杜蘅、泽兰等二十二种草本植物，以及木兰、椒、桂、薜荔、橘等十二种香木。汉代，丝绸之路的开辟带来大量域外香料，如五味香、迷迭香、艾纳香、苏合香、鸡舌香等。与此同时，南方地区的香料如青木香、茅香、佩兰等也成为汉人常用芳香之物。

汉代还开始出现多种香料混合的合香，《后汉书·西域传·大秦》记载苏合香做法："会合诸香，煎其汁水以为苏合。"与汉代盛行的神仙思想相应和，博山香炉开始流行，烧香之烟缭绕，似云雾蒸发，如处仙境。刘向在《熏炉铭》中写道："嘉此正器，崭岩若山。上贯太华，承以铜盘。中有兰绮，朱火青烟。"

魏晋南北朝之时，香在佛法仪礼与神幻怪奇的文学创作中并存，人们追求清谈、熏衣、好姿容的风尚。受佛教文化及清谈之风影响，名士以香作为清修之用，开始流行的志怪小说也屡以香为创作题材；名士清谈，玄理禅机之中，每以香为喻，同时也追求熏衣剃面之风流。香料的种类颇为丰富，《太平御览》记载有十六种香药，同时调和各种香料的合香开始流行。南朝范晔所撰《和香方》（原书已佚，仅存序），为今所知最早的对和合香诸方的记录。序中提及："麝本多忌，过分必害；沉实易和，盈斤无伤。零藿虚燥，詹唐黏湿。甘松、苏合、安息、郁金、奈多、和罗之属，并被珍于外国，无取于中土。"由此可见，南北朝时期人们对于各种香料的品性、合香之法已有了相当的认识。

隋唐五代用香奢华，尤其是宫廷用香，开启了中国用香历史的繁盛源头，所用香料有来自外国的辟邪香、瑞麟香、金凤香、龙脑香等珍贵香料，并大量使用香木为建材。如唐玄宗时期杨国忠建造的"四香阁"，以沉香为阁，用檀香木为栏杆，以麝香和乳香与土和为泥装饰墙壁。唐玄宗在华清宫内新建一池，用"银镂漆船及檀香水船"行走，中用檀香木为山，类似小瀛洲，方丈大。唐代宗时期用"沉、檀、珠玉"做成高一丈的"万佛香山"放于佛室之中。1987年法门寺地宫出土的唐代文物中，有四件整块香木制成的小型假山，《随真身衣物帐》登记为"乳头香山二枚，重三斤。檀香山二枚，重五斤二两。丁香山二枚，重一斤二两。沉香山二枚，重四斤二两"。与宫廷用香相比，文人"以礼法自恃"，一般衣不熏香。同时，人们还将香广泛应用于日常生活中，开始出现香饮，即用香料泡水或煮水饮用。杜宝《大业拾遗录》中载有"沉香饮、丁香饮、檀香饮、泽兰饮"等五种香饮子，香药饮子止渴又补益，自唐代一直盛行到宋代。而插花与焚香结合的"香赏",则是用香与生活结合的最典型的例子,五代韩熙载提出"对花焚香有风味,相和其妙不可言。木樨宜龙脑,酴醾宜沉水,兰宜四绝,含笑宜麝,薝葡宜檀",是为"五宜"。焚香赏花之雅兴,成为宋人"烧香、点茶、挂画、插花"四般闲事之始。

宋代是用香的高峰期,香料的使用群体上至王室贵胄,下至平民百姓,涵盖宗教祭祀、居室生活、养生保健、礼仪馈赠等各个方面。在香料形式上,宋代发展了魏晋以来的合香方法,借鉴医药理论,将多种香料研磨成散粉状,再按照一定比例混合,形成各式合香香方;再按照医药制剂形式,将合香香料做成香丸,是为丸剂,又有模印成饼与各式花样的饼剂,保留散末粉状的散剂。蒸馏香花木做成的是为花露。"花露"的制作方式在约公元9世纪晚期成熟于伊斯兰世界,后在五代至宋作为朝贡之物传入中国,有蔷薇露、大食蔷薇水、大食水之名。此外还有以香木做成的香珠,作佩香使用;香粉做成的香膏作涂抹与内服使用。元代开始出现以合香之法制作的线香,并在明清时期逐渐成为主流香品,然而线香制作并没有摒弃原有的合香方法,甚至线香也多为合香。与此同时,香饼、香丁、香片、香丸、香面(香粉)、盘香等形式也并行使用,其中香丁是将整块香料进行分割,多为单一香品;盘香则是将香料制成盘状,与今人使用的蚊香相似。香料方面,随着宫廷对藏传佛教的推崇,藏香大量涌入宫廷,成为清代宫廷用料最多的香料,比如红黄藏香、铁杆藏香等。除藏香外,沉、降、檀等商品香料依然是宫廷和贵胄之家的香事之常,这在故宫所藏清代香料中可窥见一斑。这些香料除了传统的焚香之用,在明清之际还用于茶事与药用等领域,无论是内服还是外用,较前代使用范围都更为广泛。

第二章 焚香：金炉次第添香兽

宋代发达的香文化离不开香料贸易。

宋代香文化盛行，但是中原本土并不盛产香料，绝大部分香料依靠域外贸易获得。宋代香料与药物统称为香药，根据不同用途，分成药用、食物调味以及焚香合香等。

宋代早期，外来香料主要是由各国或地区朝贡而来，朝廷多纳产香国香药作为贡物，并常常以远高于估值的赠礼作为回赐。来自海外东南亚诸国的贡品以沉香、檀香为主；阿拉伯的大食则多乳香，以龙涎香与蔷薇水最具特色；西域诸国所贡香药种类与数量较少，以乳香为主；滇黔山区地方势力所贡香料则以麝香为大宗。

到了南宋时期，朝廷则采取务实做法，香药获取以海舶贸易为主。"海上丝绸之路"出口商品以陶瓷、丝绸等手工业成品为主，进口商品以香药、珍宝等原材料与初级制品为主，各类进口商品中香药所占最为大宗，因而"海上丝绸之路"又被誉为"香料之路"。

海舶交易而来的香药，则由市舶司依据市舶规定先行"抽解"，相当于现在的征收关税。据记载，南宋绍兴十四年（1144），香药抽解税收达十抽其四，后来市舶司反映抽解太重，于是绍兴十七年（1147）高宗下达诏书，仍然恢复抽解一分。除抽解之外，朝廷还一度加强了对香药的禁榷，禁榷是指官定专买专卖，即官家垄断。如绍兴三年（1133）十二月，在一批往行在临安（今杭州）发送的禁榷物品中，就包含作为合香的香药四十三种。后有所放开，至南宋，禁榷香药品种大大减少。另外，官方还对香药采取"和买"或"博买"，即官方从民间和海外收购禁榷香药。

官方禁榷博买所得的香药，除了部分供应宫廷使用之外，其他则以物易物，或直接作为货币使用，即是"博易"。此外，作为专卖的香药还具有钞引功能，在必要之时变卖，能解除政府财政危机。

北宋　香料

江苏南京长干寺地宫出土

长干寺地宫建于北宋真宗大中祥符四年（1011），当时朝廷接到奏报，此处有佛陀舍利感应，于是下诏重修长干寺，建塔并赐号"圣感舍利宝塔"。经挖掘，塔中有佛顶骨舍利等物。

长干寺地宫出土的大量文物中，香料和香具也十分丰富。其中出土有两件银香盒，錾刻双凤纹，盒内出土有沉香、丁香、乳香等香料，成为"宋代为香文化发展巅峰"的有力佐证。

宋　香料

1974年福建泉州湾宋代沉船出土

1974年6月，在福建省泉州湾发掘了一艘沉没海中约七百年之久的宋代木质沉船，船中发现大量药材、香料（降真香、檀香、沉香、龙涎香等）及其他物品。其中有一种灰白色至淡黄色的固体，具有特异的香气，经初步鉴别，可能是一种植物性香脂，但未确定何物，后经过色谱法实验鉴定为乳香。

泉州是我国宋元时期重要的对外贸易港口之一。沉船中出土的数量众多的香料，为我们了解当时的香料贸易品种、来源和产地等提供了依据，也为考证古沉船的航向和航线提供了线索。这批香料也是研究宋元时期医药发展的重要史证。

宋　张择端　清明上河图（局部）的香药铺

据记载，南宋时的香矾收入年约一百三十万贯，较之北宋的五十万贯，增加将近二倍。宋廷还曾发行香药钞，用以购买粮食和草料。

从相关记载可以看出，宋室南渡之初，政府财赋对于香药贸易的依赖达到最高。据统计，南宋建炎四年（1130）仅香钱便为全国岁入的6.8%，绍兴年间达13%，而到绍兴二十九年（1159）仅乳香钱一项便高达岁入的24%，是宋代最高的记录。而孝宗之后，全国岁入逐渐增加，香钱所占比例降到1%左右。可见，在南宋初期的动荡年代，香药充分显现出极强的"钞能力"，为南宋朝廷度过最艰难的十年作出了巨大贡献。

宋以前，除朝贡外香料的进口不多，一般限于王公贵族使用。随着宋代多达百种的海外香料进口，熏香普及寻常百姓家，成为普遍的礼仪。街市上如《清明上河图》中"刘家上色沉檀拣香"之类的制香贩香专营商铺随处可见；临安都城还出现了职业化的香料推销人员，"及有老妪，以小炉炷香为供者，谓之'香婆'"。香药行业的管理、经营和销售均实现了商业化、市场化和专业化，临安专设"香药局"为市民提供香药服务，徽宗、高宗更在宫内设立御用"香坊"

宋龙泉窑青釉刻划花碗

宋景德镇窑青白釉印花芒口盘

宋金虬龙环

研制珍品。社会各阶层对香药的巨大消费，反过来又促进了香药贸易的繁荣。

20世纪90年代起，在宋代贸易航线涉及的东南沿海海域，发现了一系列宋元时期的中国古代沉船，出水文物主要为陶瓷器、金属器、香料和大量中国铜钱。"南海Ⅰ号"是迄今为止世界上发现的海上沉船中年代最早、船体最大、保存最完整的远洋贸易商船。

行香之道

香，可祭祀辟邪，又可祛除异味、沐浴熏衣，甚至也可入药饮食。宋代的用香之广、之盛、之精达到了空前的程度，并且出现了许多创新。香之用从王公贵族扩大到平民百姓，并且几乎涉及日常生活的方方面面。如晏几道在《浣溪沙》中展示出"鸭炉香过琐窗寒"的居室焚香场景；毛滂在《清平乐》中描绘出"绣被熏兰麝"的生活画面；秦观《满庭芳》中"香囊暗解，罗带轻分"书写恋人伤感别离时互赠香囊的依依不舍之情，表明佩香是当时一种常见的礼仪与风尚。陆游在《老学庵笔记》中记载妇女随身携带熏炉，"车驰过，香烟如云，数里不绝，尘土皆香"。

1. 祭祀祷告类用香

上古以来，香即被赋予神圣的功能，承担天与人之间使者的角色。当然香的运用是多样化的，但行香祭祀始终占据着"备物之先"的重要地位。宋代皇室追求"礼治"，宫廷祭祀名目繁多，无论国家大典的社稷郊庙之祀，还是宫中常规祠祀以及各类消灾祈福的祭拜，都会行香，并且按规格区别用香名目和数量。

宋廷礼制规定：凡属于国家大典的祭祀，必须统一使用宫中御制香。这些香料被装在精美的漆匣中，平时交付光禄寺和司农寺保存，待行祭礼，寺官将御香事先送到祀所。宫中的各类祈告行香，也由宫内统一御制。而宫中的祠祀，则根据大中小三种规格，"大祠悉降御封香，中小祠供太府香，中祠减大祠之半，小祠减中祠之半"，而遇到天灾、殊象等变异，朝廷会派员赐御香行祀。可见宫中这类行香，是表达敬天礼地，宣示皇权天授、天子威仪的某种方式。

如《宋会要辑稿》记载：绍兴十三年（1143），"今年冬至日有事于南郊，合奏告天地宗庙社稷宫观……用御封降真香二十合。（其中）天地二合、宗庙十二合、社稷二合、天庆观一合、报恩光孝观三合"。祭祀中，宋高宗行三次上香礼。皇帝亲祭天地、祖宗等，或举行圣寿节等其他庆典时，均要用香药熏衣。对于农业社会最重要的祀礼——亲耕礼，皇帝在亲祀前还必须将名贵的龙脑香熏撒，以示敬意。

而民间此类祭拜祈福类的烧香，则是"贵家士庶，奉寺烧香，贫者酌水献花"。

2. 赏赐礼物类用香

香作为珍贵之物，在宋代宫廷中扮演着多种角色。每逢册封、各类节庆，或大小宴饮，皇帝赏赐的物料清单上一般都少不了香药。尤其对宠臣、近侍、后妃等，常用沉香、乳香、降真香、龙涎香等名贵香料赏赐，以示皇帝恩宠。而在巡幸、赏赐群臣、召见外徙大臣时，也普遍赏赐香、茶之物。《武林旧事》卷七记载太上皇宋高宗在一次家宴中宣召史浩，君臣畅饮，太上极喜，给史浩的赏赐之物中就有"冰片脑子一金合"。诸如此类的记载还有很多。

皇帝对后宫的关怀，也常常通过赐赠香物来表达。遇端午等节日，常赐后妃及诸阁近侍香囊、软香、龙涎佩带等，以示驱毒除恶。更有意思的是，宫中后妃怀孕七个月时，皇帝还会特赐"檀香匣盛碾铜剃刀二把""醽醁沉香酒"，檀香匣以示隆重，而沉香酒则是宋代产妇良方。这些香物蜕去了皇帝天威，透露着浓浓的家人关爱。

皇帝赐香大臣以示恩宠，大臣奉香则多为皇帝祈福，欧阳修《归田录》记载，三班院罢而在院者"常数百人，每岁乾元节，醵钱饭僧，进香以祝圣寿"。清河郡王张俊在府第宴请宋高宗，奉上的礼物清单里也有"缕金香药一行：脑子花儿，甘草花儿……木香、丁香、水龙脑、史君子"等。

宋剔红桂花纹漆香合

直径 8.7 厘米，高 3 厘米

故宫博物院藏

漆器香合。盒盖面剔红锦地桂花纹，盒分子母口，外壁分上下剔刻联勾回字纹，盒底有"黑林秘玩印记"。该刻盒据著名文物专家朱家溍先生考证当为宋代盛香用的剔红漆器香盒。

漆木香合，早在西汉南越王墓中便有出土，在宋元时期较为流行。南宋末至元代，雕漆工艺的香合更为精巧。雕漆是漆工艺的一种，又细分为剔红、剔黑、剔犀等。剔红是将器物涂上层层红漆之后，再用刀在上面雕刻花纹。雕漆工艺难度较高。

宋代，香物被广泛用于礼尚往来和亲朋好友间互赠的信物，于公于私都是非常体面的选择。《铁围山丛谈》记录：绍圣五年（1098），苏轼来到广州，好友章质夫设公宴招待，宴后又以香药相赠。坡公与其贴云："今公宴香药，别卓为盛礼，私家亦用之，作俑不可不谨。"而苏轼送给弟弟苏辙的寿礼，有檀香观音及新合印香、银篆盘。在宋代文人中，黄庭坚号称爱香如痴，于是友人们得了好香便常常给他寄送。从黄庭坚现存的书信中可知，在他被贬官到宜州期间，有友人李仲牖寄"婆娄香四两"，友人唐叟元寄"崖香八两"，友人黄微仲送"沉香数块"。此外焚香、品香所用的香炭、香具之类，也是彼此馈赠的佳品。欧阳修《归田录》记录好友赠其用于隔火焚香的石炭："有人遗余以清泉香饼一箧者……香饼，石炭也，用以焚香。一饼以火，可终日不灭。"黄庭坚还收到过友人王炳之惠赠的石香鼎。

3. 燕居生活类用香

除了祭祀、赏赐、交换礼物之外，宋人日常生活也与用香密不可分。

以香消溽夏。焚香是宋人的一种消夏方式，宋代词人周邦彦在《苏幕遮·燎沉香》中写道："燎沉香，消溽暑。鸟雀呼晴，侵晓窥檐语。"在没有电扇、没有空调的年代，用悠香来驱散夏天闷热潮湿的暑气是个好办法，而沉香是首选，因为它的悠悠香韵能让人凝神静气，足以抵抗燥热，所谓心静自然凉。以香消溽夏也是宋代宫中消夏的选择，《武林旧事》记载"禁中纳凉"，"纱厨先后皆悬挂伽兰木，真腊龙涎等香珠数百斛"。宫中对香料的选择更多、更名贵，纱厨的前后悬挂着来自占城的整枝伽兰木，还有真腊国的龙涎香珠，数不胜数，一派奢华。

以香入烛。据南宋人叶绍翁《四朝闻见录》记载：北宋徽宗时宫中用龙涎、沉香、龙脑香屑灌制宫烛，数百枝香烛排列成两行，焰火明亮，香气上涌，不禁令人感叹连天帝居住的钧天也没有这样的景象吧。南宋在建炎、绍兴时的很长一段时间内都无实力效仿。

一次高宗为取悦自己生母韦太后，在她生日之时"列十数炬"，没想到太后似乎没看见，于是高宗恭敬地问太后，"烛颇惬圣意否？"想得到母亲的夸赞，没想到太后却淡然回答："你爹爹每夜常设数百枝，诸人阁分亦然。"高宗只得喃喃道："如何比得爹爹富贵。"

以香入茶。宫中好香，还有其他玩法，比如以香入茶。福建北苑贡茶是宋代皇室专用的御茶，它有一个工艺特色即是茶中入香。蔡襄《茶录》云："茶有真香，而入贡者微以龙脑合膏，欲助其香。"而《鸡肋编》也记载："入香龙茶，每斤不过用脑子一钱，而香气久不歇，以二物相宜，故能停蓄也。"

以上种种奢华的宫廷做派，民间当然很难模仿，但对注重仪容的宋人来讲，对传自上古的熏衣佩挂习俗的热爱却是更加炽热。欧阳修《归田录》记载，梅尧臣喜好焚香熏衣，其官所总是满室芳香，"每晨起将视事，必焚香两炉，以公服罩之，撮其袖以出，坐定撒开两袖，郁然满室浓香"。叶梦得《避暑录话》则记录了另一名臣赵抃在家中设熏衣炉，长年不断香火之事："尤喜熏衣，所居既去，辄数月香不灭。衣未尝置于笼，为一大焙，方五六尺，设熏炉其下，常不绝烟，每解衣投其间。"而这并不是个案，宋人熏衣有专门的香型香方，陈敬《香谱》记载"熏衣笑兰香""熏衣梅花香""熏衣衙香"等不下10种，说明熏衣非常普遍且受欢迎。

至于便捷巧色的佩香、挂香，则更是广泛流行，此类香物包括香囊、香球、香珠等。而民间举办婚礼，香球是男方迎娶时必备的礼品之一。更不用说临安城内昼夜不绝的买卖市场内，各色异巧香袋儿、香珠、香囊、藏香等。

4. 清致风雅的文人用香

前文所说的种种行香之法，尚不足以概括宋人行香美学，因为经过几千年的积累，两宋的尚香已成为一种独特的文化形态。这种独特在于，至南宋最终产生了明确的生活美学范式——"南宋四雅"，成为区别于其他时代的鲜明特征。而这种美学范式的确立，上可以达皇帝，下可以包罗普通市民，但真正的主体只有一个，即宋代文人。

宋代文人，很多时候甚至可以当作专有名词来使用，因为它常常被用来指代"风雅"。而当我们细察宋人在"四雅"上的文化作为时，完全可以信服这种指代。

在"四雅"之中，焚香最为宋代文人所着意和倾心。欧阳修诗云："焚香礼进士，彻幕待经生。"本意是说科举登第之难，也道出只有成为像进士这样的精英文人，才能得到焚香礼遇的事实。焚香被认为是精英文人群体最具有辨识度的行为标志，是其身份地位与品味格调的象征。而焚香所象征的简明清静和韵高致雅与当时文人追求的克制自持、清新内敛的审美观念相符，成为文人群体一致认同的生活情趣与文化品位。

宋代文人读书以香为友，独处以香为伴，公堂之上以香烘托庄严，松阁之下以香装点儒雅；品茗论道，书画会友，无香何以为聚。

读书时焚香

宋人读书必焚香，香是书房必需的陈设。曾巩的书斋"沉烟细细临黄卷，凝在香炉最上头"，他还直接把书房命名为"凝香斋"；赵希鹄的书房"明窗净几罗列，布置篆香居中"；王禹偁的读书状态是"手执《周易》一卷，焚香默坐，消遣世虑"（《黄冈竹楼记》）；

南宋 刘松年《秋窗读易图》（局部） 辽宁省博物馆藏

梅尧臣常"时无车马游,焚香坐读书"（《俨上人粹隐堂》）；而陆游"禄米不供沽酒资……焚香闲看玉溪诗"（《假中闭户终日偶得佳句》），即便生活不富裕，也要焚香读书；欧阳修"饮酒横琴销永日，焚香读易过残春""紫案焚香暖吹轻，广庭清晓席群英"，作为大宋主考官的他，不仅自己读书焚香，还关注了考场焚香的场景。

第二章 焚香：金炉次第添香兽

宋 张激 《白莲社图》（局部） 辽宁省博物馆藏

宋代文人无论是书斋苦读还是研经讲义，必定以香为伴，古代绘画常以此为题材。北宋文学家范纯礼、韩维闲居颍昌，理学家程颢自洛阳来访，三人朝夕焚香研读《易经》。后代文人多效仿焚香读书，"焚香读《易》"常被作为绘画主题。

宋代文人喜于读书时品香，与他们认为香有助于提神和养生有关。以香为主题的文学作品中总有对香气的反复描摹，苏轼《子由生日以檀香观音像及新合印香、银篆盘为寿》诗中有"缭绕无穷合复分，绵绵浮空散氤氲"。宋时文人士大夫习医蔚然成风，苏轼、欧阳修、王安石、范仲淹、陆游等名家巨擘都懂医术、善养生。范仲淹"不为良相，便为良医"的著名言论，便是对文人知医风尚的最好写照。颜博文在《颜氏香史序》中明确指出宋人用香"不徒为熏洁也，五脏惟脾喜香，以养鼻通神观而去尤疾焉"，香气能与脾相通，会对脾产生一定的治疗作用，正是因为"脾胃喜芳香，芳香可以养鼻是也"。

宋徽宗赵佶《听琴图》(局部) 画中松竹掩映，主人弹琴，客人聆听，琴旁置香炉，炉烟缥缈

宋代文人在读书或创作时多伴有焚香行为，除去对优雅情致和静谧氛围的向往外，更为重要的是读书重思，而思易伤脾，香气恰恰可以醒脾通窍，使文人才思敏捷、文如泉涌。读书需聚精凝神，而焚香有助于读书者集中精力，提高学习效率。同时，从香料功效来看，沉香、檀香等香料具有安神、除恶气的功用。沁人心脾的香气在有形和无形间通鼻、调息、开窍，调动人的心智与灵性，继而使思维意念驰骋于万里云霄间。

宋人陶穀在他的《清异录》中有利用"香甑""香扇"等香料器物的记载，他本人家中就有做饭用的"沉香甑"，沉香甑是由沉香木所剜制，每日食其饭，必然浓香满室，这又是一种融于日常饮食的香疗保健法。

抚琴时焚香

琴棋书画是中国传统文人必须掌握的四般艺术，而焚香与点茶、挂画、插花又被称为宋人的"四般闲事"。焚香与抚琴都是洗涤心灵的生活艺术，所以抚琴与焚香常会与诸般雅事一起出现，融入文人的日常生活中。

宋人焚香抚琴非常普遍。陈必复《赋参政叔祖水亭》："约客有时同把酒，横琴无事自烧香。"陆游《春日睡起》："睡起悠然弄衲琴，铜猊半烬海南沉。"《宿天庆道院》："汲井洗灵药，焚香横素琴。"

宋无名氏《水调歌头》"香满琴堂里，人在洞壶天"，意思是人置身于袅袅香烟和悠扬的琴声之中，犹入洞壶仙境。

弹琴时择取的香品也有诸多讲究，南宋赵希鹄《洞天清录》中认为"焚香惟取香清而烟少者，若浓烟扑鼻，大败佳兴，当用水沉、蓬莱，忌用龙涎、笃耨凡儿女态者……"，并指出，"夜深人静，月明当轩，香爇水沉，曲弹古调，此与羲皇上人何异"。夜深人静时，在沉香的气息中弹奏古琴，高雅之姿与羲皇上人相比毫不逊色。

插花时焚香

宋人将焚香与插花结合的雅事称为"香赏"，五代韩熙载即提出"对花焚香有风味，相和其妙不可言"。在（传）五代周文矩绘制的《水榭看凫》图中有宫女手持瓶花，屋内桌案上放置一铜制香炉，是插花焚香的一处明证。又有周密在《齐东野语》中记载临安名士张镃在家中举办"牡丹会"的场景，客人入座之后，他命仆人卷帘，事先焚爇好的香气便飘散出来，随后佩戴各色牡丹的群妓"以酒肴丝竹，次第而至"，香雾花影，恍如仙境，客人们在香雾缭绕中观赏牡丹、吟咏诗词。或许基于这种花与香的情结，宋人在合香之法中，又有熏花法。

吟诗作画时焚香

宋人在焚香时，常能汲取灵感，寄托情怀，留下许多脍炙人口的诗词佳句。

翻香令
宋·苏轼

金炉犹暖麝煤残。惜香更把宝钗翻。重闻处，余熏在，这一番、气味胜从前。

背人偷盖小蓬山。更将沈水暗同然。且图得，氤氲久，为情深、嫌怕断头烟。

苏幕遮
宋·周邦彦

燎沉香，消溽暑。鸟雀呼晴，侵晓窥檐语。叶上初阳干宿雨、水面清圆，一一风荷举。

故乡遥，何日去。家住吴门，久作长安旅。五月渔郎相忆否。小楫轻舟，梦入芙蓉浦。

天香·熏衣香
宋·吴文英

珠络玲珑，罗囊闲斗，酥怀暖麝相倚。百和花须，十分风韵，半袭凤箱重绮。茜垂西角，慵未揭、流苏春睡。熏度红薇院落，烟锁画屏沈水。

……

焚香
宋·陈与义

明窗延静昼，默坐消尘缘。即将无限意，寓此一炷烟。
当时戒定慧，妙供均人天。我岂不清友，于今心醒然。
炉香袅孤碧，云缕霏数千。悠然凌空去，缥缈随风还。
世事有过现，熏性无变迁。应是水中月，波定还自圆。

赋诗唱和是宋代文人之间交往的流行模式，就像如今的朋友圈点赞，焚香自然成为重要题材之一。宋代两位文坛大佬苏轼和黄庭坚曾围绕焚香这一主题往来唱和，为文坛留下一段佳话。黄庭坚获友人赠帐中香后，作诗两首与文友分享，其一云："百炼香螺沉水，宝薰近出江南。一穟黄云绕几，深禅想对同参。"（《有惠江南帐中香者戏答六言二首》之一）苏轼读了这两首诗后，马上和诗："四句烧香偈子，随香遍满东南。不是闻思所及，且令鼻观先参。""万卷明窗小字，眼花只有斓斑。一炷烟消火冷，半生身老心闲。"(《和黄鲁直烧香二首》)黄庭坚又和《子瞻继和复答二首》，中有："一炷烟中得意，九衢尘里偷闲。"

宋代文人诗文中出现焚香意象十分普遍，香在诗人笔下变换着冷暖。"日炉风炭薰兰麝"（欧阳修《渔家傲》）、"暖香一炷，满堂如春"（陈元靓《事林广记》）透出融融暖意；"雾浓香鸭，冰凝泪烛，霜天难晓"（时彦《青门饮》）、"麝冷灯昏愁杀侬"（陈克《豆叶黄》）则给人丝丝寒意。

"独坐闲无事，烧香赋小诗"（陆游《移花遇小雨喜甚为赋二十字》），"焚香度日尽从容"（辛弃疾《朝中措》），"焚香引幽步，酌茗开静筵"（苏轼《端午遍游诸寺得禅字》）等展现闲适从容状态。而"愁肠恰似沉香篆，千回万转萦不断"（欧阳修《一斛珠》），"日与愁长，心灰香断"（吴文英《夜行船》），"炉香静逐游丝转，一场愁梦酒醒时，斜阳却照深深院"（晏殊《踏莎行》），则表达出无法排解的愁肠。

晏殊《拂霓裳》词"张绮宴，傍熏炉蕙炷，和新声。神仙雅会，会此日，象蓬瀛"写出为宋仁宗祝寿时欢庆祥和、炉烟瑞霭、如临仙境的场景。自称"天资喜文事，如我有香癖"的黄庭坚得知恩师苏轼复赴朝堂参政喜不自禁，赋诗"迎笑天香满袖，喜公新赴朝参"表达祝贺。

词人李清照更是留下众多咏香佳作，其中《醉花阴》"薄雾浓云愁永昼，瑞脑消金兽"，《凤凰台上忆吹箫》"香冷金猊，被翻红浪，起来慵自梳头。任宝奁尘满，日上帘钩"，表达孤独寂寞之情；避难江宁时作《菩萨蛮》"归鸿声断残云碧，背窗雪落炉烟直"；丈夫病故时作《御街行》"沉香断续玉炉寒，伴我情怀如水""吹箫人去玉

第二章 焚香：金炉次第添香兽

南宋《女孝经图卷》中的书桌、香桌

楼空，肠断与谁同倚"，道出国破家亡，孤身颠沛流离之苦。

文人在作画、观画时也常常焚香以称。宋代画家郭熙在描述作画过程时说自己"凡落笔之日，必窗明几净，焚香左右……然后为之"；墨梅画鼻祖北宋僧人释仲仁作画"先焚香默坐，禅定意静，就一扫而成"，绘制的梅花疏影横斜，萧然可爱；"香痴"黄庭坚灯下观看释仲仁所寄墨梅画，其时释惠洪焚以苏轼所授的"韩魏公浓梅香"，黄庭坚闻香观画，顿感"如嫩寒清晓行孤山篱落间"，便将此香命名为"意未显"，又改为"返魂梅"，是香意与画意相通的经典故事。

雅集交往时焚香

宋代宫廷宴饮之风大盛，最为频繁和随性的是曲宴，"凡幸苑囿、池蓠，观嫁、畋猎，所至设宴，惟从官预，谓之曲宴"。说白了即是皇上为拉近臣属关系而设的家宴，最典型的是"赏花钓鱼宴"，以赏花、垂钓、赋诗、宴饮、习射为主要内容，还有"观书曲宴""讲书曲宴""修书曲宴"之类的文化型曲宴，这种场合往往都会焚香、品

53

宋　马远　《西园雅集图》（局部）　美国纳尔逊阿特金斯艺术博物馆藏

香。文人阶层中也兴起此类集娱乐与文化于一体的宴集，世人称为"雅会"或"雅集"。文人雅集，往往设香席，周密《癸辛杂识》谓："今人燕集，往往焚香以娱客。"

历史上最为有名的雅集，当属"西园雅集"：苏轼、李公麟、黄庭坚、苏辙、秦观、米芾、僧侣圆通、道人陈碧虚等16位名士，在北宋驸马王诜府邸燕集。李公麟绘《西园雅集图》记录下此场景：画中文人们赋诗作画，谈经论道。石案上陈放素雅香炉，缕缕香烟萦绕其间。米芾作题记："水石潺湲，风竹相吞，炉烟方袅，草木自馨，人间清旷之乐，不过如此。"

除了热闹的燕集，焚香清谈也是宋代文人最爱的待客方式。许栗《题常宣仲草堂》云"客来无可款，石炉添水沉"，袅袅青烟为友人清谈营造了尽兴舒畅的氛围。南宋诗人曾几有诗曰："有客过丈室，呼儿具炉熏。清谈似微馥，妙处渠应闻。沉水已成烬，博山尚停云。斯须客辞去，跌坐对馀芬。"朋友来访，焚起熏炉，在清香里清谈，这时候的焚香，恐怕更多会与点茶、品茗相结合吧。香烬客去，主人仍盘腿端坐，享受余香和朋友留下的情意。

独处养性时焚香

《荀子》曰："椒兰芬芳，所以养鼻也……故礼者，养也。"首倡君子以香养性修礼。宋人十分欣赏这种理念。宋代文人偏爱独处焚香，其实质是对"养德尽性"思想的践行，是对个体身心安顿的审美性实践。

宋人继承了以香修身的理念，将香视为涵养品格、濡养德性之物。被远贬海南、一贫如洗的苏轼为祝胞弟苏辙甲子生辰，特意制作沉香山子为贺礼，并作《沉香山子赋》一文赠之，其中说沉香"矧儋崖之异产，实超然而不群。既金坚而玉润，亦鹤骨而龙筋"，便是由香品推及人品，借沉香隐喻坚贞超迈的君子，激励正身陷逆境的子由要坚定地持守人生信念。黄庭坚更是在《有闻帐中香以为熬蝎者戏用前韵》中认为"但印香严本寂，不必丛林遍参"，只要闻到帐中香，便可得如来印，而不必去西方游历参禅悟道。

后唐宋香文化传入日本，传说由黄庭坚所写的《香之十德》在日本香界推广开来，其载香之功效为"感格鬼神，清净心身，能除污秽，能觉睡眠，静中成友，尘里偷闲，多而不厌，寡而为足，久藏不朽，常用无障"。

静坐焚香

静坐焚香是宋代文人在日常生活中正心修身的一种重要方式，儒释道都把焚香静坐作为养性的重要途径。王禹偁《黄冈》云："焚

签题马远作《竹涧焚香图》 原载《四朝选藻册》(见《石渠宝笈续编》)

香默坐,消遣世虑。"苏轼被贬谪海南儋州期间尽管生活艰苦,仍购买十多斤檀香并建安息轩作焚香默坐场所。他在《黄州安国寺记》中云:"焚香默坐,深自省察,则物我相忘,身心皆空。"表达了文人士大夫在任何境况下自律克己的修身追求。

闭阁焚香

宋代文人独处焚香,除在大自然中撷取涵养之气,还喜闭阁焚香。南宋沈作喆在《寓简》中说,"每闭阁焚香,静对古人,凝神著书,澄怀观道。或引接名胜,剧谈妙理;或觞咏自娱,一斗径醉……"仇远《寒食雨三首》云:"梨花白白柳条青,闭阁焚香奈雨声。"王庭珪《别后再和一首》云:"归来闭阁焚香坐,端为思君聊复忙。"

所谓闭阁焚香,就是单独辟出一个小间,隔成一个暖阁,然后置炉、燃香,熏香时则闭阁下帘,营造无风的环境。宋释元肇《火阁》诗云:"装折围炉地,方方七尺强。易容元亮膝,难著净名床。省炭功虽小,烧香味较长。晏然宜袖手,免去暴朝阳。"其所描写的这种五平方米多、四四方方的暖阁,仅容主人一人打坐焚香,阁内还得安置与香炉配套使用的辅助用香工具,如香几、香盛、香盘、香瓶、

第二章　焚香：金炉次第添香兽

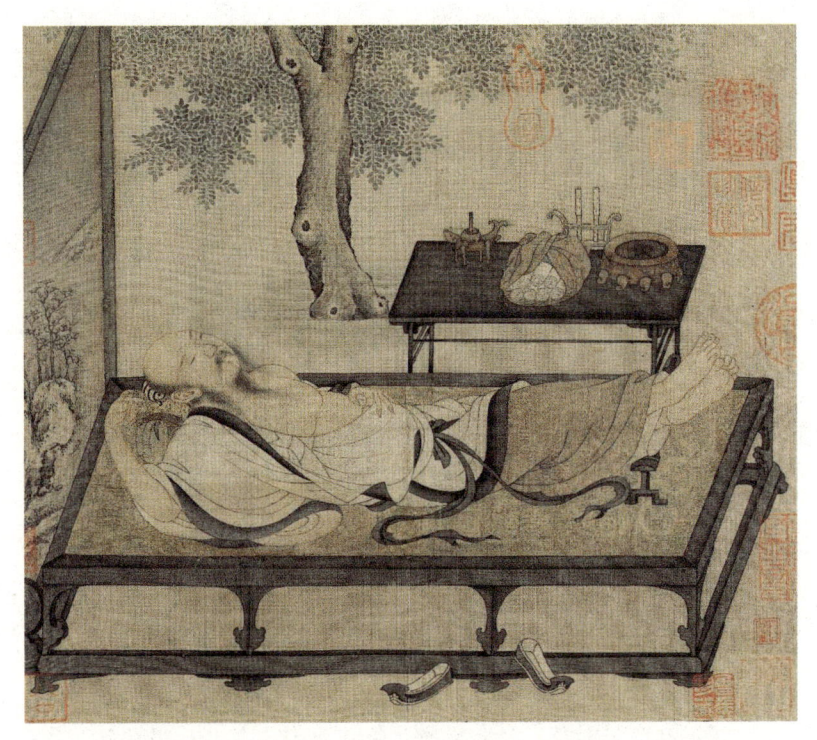

题王齐翰作《槐荫消夏图》 原载《历代名笔集胜册》第一册

香盒等，委实有些袖珍。

《槐荫消夏图》原载《历代名笔集胜册》第一册，曾经明云南总兵官沐璘、清耿昭忠收藏。此画绢本设色，无款，旧题签为王齐翰作。本图描绘了当时文人闲适的日常生活，在盛夏的绿槐浓荫下，一高士袒胸赤足而卧，闭目养神，怡然自得，榻侧置雪景寒林图屏风，条案上罗列香炉、蜡台及书卷什物。此图人物、床榻、条案、文房清玩刻画入微，极富艺术表现力。在笔墨上，行笔飘逸柔美、气韵清新优雅，人物和背景勾勒细致，烘染细腻，体现了画家细致的观察力和深厚的绘画功底。此画现藏于北京故宫博物院。

宋人在室内空间闭阁下帘，是为了隔绝市井鼎沸、污浊，益于心神修养、澄怀观道、自然入悟。但如果并不具备这样的条件，闭阁下帘也可以是意念或是意志上的屏障，这更是一种考验。

晚年的黄庭坚被贬谪至广西宜州，居住于喧嚣市集中的小屋里，窗户正对的恰是一张屠户宰牛用的桌子。就在这样人声鼎沸的环境下，他"既设卧榻，焚香而坐，与西邻屠牛之机相直"，还给屋子取名"喧寂斋"。袅袅青烟护身，为他心灵筑起了一道远离喧嚣的屏障。正如他写给贾天锡的诗所言："险心游万仞，躁欲生五兵。隐几香一炷，灵台湛空明。"

焚香听雨

焚香听雨也常是宋代文人的养性方式。陆游在《夜听竹雨声》中认为："解醒不用酒，听雨神自清。治疾不用药，听雨体自轻。"所以他尤喜焚香听雨，"造物今知不负汝，北窗夜雨默焚香"（《老学庵北窗杂书》），"语君白日飞升法，正在焚香听雨中"（《即事》）。

"镆铘挂壁龙影寒，默坐焚香听春雨"（林宪《丹丘书怀》）；"一阵秋风初过雨，个般天气好烧香"（杨万里《初秋行圃》）；"老去同参惟夜雨，焚香卧听画檐声"（陆游《冬夜听雨》）则分别道出焚香听春雨、秋雨和冬雨的感受。

5. 文人一天用香场景

宋代文人每日之精致生活常常从焚香开始，不论晨昏晴雨，那一炉香，永远如影随形。我们结合典籍中的香方，可以一窥当时人们一天用香的场景。

凌晨醒脑——清神香

"起来洗面更焚香，粥罢东窗未肯光。"（杨万里《二月十三日谒西庙早起》）

冬日的凌晨，天光未亮，主人公为了公干早早起床，洁面后第一件事便是重新燃上一炉香。我们虽不清楚杨万里当天用的什么香,一炷"清神香"醒脑提神,应该是不错的吧。

清神香方

玄参一斤,腊茶四胯。为末,以冰糖搜之,地下久窨,可爇。(《陈氏香谱》)

晨起打坐——清远香

"镜湖清绝似潇湘,晨起焚香坐草堂。"(陆游《南堂晨坐》)

晨起,在春天的气息里趺坐冥想,周围春光与袅袅香雾交织弥漫,陆放翁的一天就此开启。早春阳气升发,肝气郁盛,最适合"清远香"。

清远香方

零陵香、藿香、甘松、茴香、沉香、檀香、丁香,各分为末。炼蜜丸龙眼核大,入龙、麝各少许妙,爇如常法。(《陈氏香谱》)

读书炷香——四和香

"清晨开卷坐幽窗,深炷炉烟一缕香。"(李纲《春词二十首其六》)

李纲这位抗金名将能诗能词,在"缭绕无穷合复分"的氤氲香气中捧读静思也是一种常态吧。宋人读书最喜用"四和香",而利用生活中的废弃物如香橙皮、荔枝壳、樱桃核、梨滓、甘蔗滓制作而成的"小四和",更受宋人追捧,又名"山林四合香"。

四和香方

沉、檀各一两,脑、麝各一钱,如常法烧。香橙皮、荔枝壳、樱橹核或梨滓、甘蔗滓等分末,名小四和。(《陈氏香谱》)

品香会友——沉水香

"客来无可款,石炉添水沉。"(许棐《题常宣仲草堂》)

沉香是宋人用香第一品。隔火煎熏品沉香是亲朋好友间的待客之道。许棐品的沉香是沉水香,属上品。

雅集观画——返魂梅

"水石潺湲,风竹相吞,炉烟方袅,草木自馨,人间清旷之乐,不过如此。"(见前文米芾《西园雅集图》题记)

宋代雅士爱熏香,无香何以为聚。著名的《西园雅集图》中众人观赏的画作未必是墨梅图,但观画熏香非"返魂梅"莫属。

返魂梅(又名韩魏公浓梅香)方

黑角沉半两、丁香一钱、郁金五分小者(麦麸炒赤色)、腊茶末一钱、麝香一字、定粉一米粒(即韶粉)、白蜜一钱。右各为末,麝先细研,取腊茶之半汤点澄清调麝,次入沉香,次入丁香,次入郁金,次入馀茶及定粉,共研细,乃入蜜,使稀稠得所,收砂瓶器中,窨月馀,取烧,久则益佳,烧时以云母石或银叶衬之。(洪刍《香谱》有载,存于周嘉胄《香乘》)

晚间自省——赵清献公香

"濯缨岂独酬吾志,清有沧浪示子孙。"(赵抃《题濯缨亭》)

赵清献公赵抃是宋代有名的清官,人称"铁面御史",他晚间常会焚香告天作为自我检讨,所谓尚香慎独。所用之香,后人命以"赵清献公香"纪念之。

赵清献公香方

白檀香四两（研剉），乳香缠末半两（研细），玄参六两（温汤洗净，慢火煮软，薄切作片，焙干）。碾为细末，熟蜜拌匀，入新瓷罐内封窨十日，爇如常法。(《陈氏香谱》)

就寝安眠——李主帐中梅花香

"酒醒熏破春睡，梦远不成归。"（李清照《诉衷情·夜来沉醉卸妆迟》)

女词人酒意渐消，春睡却被梅香熏破。宋人用香取的是意境，自带高贵又非花非雾、浑然天成的"李主帐中梅花香"正适合就寝。

李主帐中梅花香方

丁香一两一分（好者）、沉香一两、紫檀半两、甘松半两、龙脑四钱、零陵香半两、麝香四钱、制甲香三分、杉木烀炭四两。细末炼蜜放冷，合九窨半月，取爇之。《陈氏香谱》

香谱、合香及制香

1. 撰写香谱

宋代谱录之学发达，宋代文人不仅爱香、写香、咏香，还对香进行了体系化、专业化的研究，诸家撰写香谱风气兴盛，香药谱录著作数量居历代之首。

具体有：李昉等的《太平御览·香部》辑录宋以前的香事；周去非作《岭外代答》专列"香门"；丁谓撰写《天香传》最早为海南沉香代言；沈立首创了《香谱》；洪刍《香谱》（又名《香后谱》）被誉为"集古今之香法"；颜博文编撰了《香史》；范成大仕广西时游历而记下《桂海虞衡志》，记录两广所产香料；曾慥集百家之说编纂《类说》，其间收录《香谱》与《香后谱》；陈敬的《香谱》（又名《陈氏香谱》）则是收录汇集诸香方之大成者。

还有被辑录留存的南宋地方官方机构为香药储销而编辑的武冈公库《香谱》、叶庭（一作廷）珪在担任泉州官员时撰写的有关香料海外贸易的《名香谱》《南蕃香录》。其他宋人香谱著作还有：张子敬《续香谱》、潜斋《香谱拾遗》、侯氏《萱堂香谱》、无名氏《香严三昧》等。

以上都是香文化史上重要的研究著作。而收录于《四库全书》的洪刍《香谱》及陈敬《陈氏香谱》则是其中重要的作品。

洪刍（可能是1066—1128），字驹父，南昌人，宋朝作家，哲宗绍圣元年进士，著有《老圃集》等，诗入江西派。《四库全书》收录其《香谱》，《四库全书总目》评价曰："其书凡分四类，曰香之品、香之异、香之事、香之法，亦颇赅备，足以资考证也。"洪刍为黄庭坚外甥。

陈敬，字子中，河南人，仕履不详，约生活于金末元初，《陈氏香谱》实则由陈敬、陈浩卿父子两代完成，由宋末元初著名经学家和音乐家熊朋来作序（故有人据此推测陈敬生活年代更早）。该书分四卷记录了"香品、香异、修制诸香、凝和诸香、佩熏诸香、涂傅诸香、香品器、香珠、香药、香茶、事类"等，内容十分丰富。尤其难得的是，该书收录了沈立、洪刍、颜博文、叶庭珪等十一家宋代传世《香谱》，全文记录了丁谓的《天香传》。《陈氏香谱》保留了220种香方，蔚为大观，并详细记录了每方配伍及制香点香方法，至今仍为研习香道者的重要参考。同时作者喜欢引经据典、旁征博引，也随文记录不少宋人香事及名人趣事，却被《四库全书》馆臣吐槽"稍逾限制""殊为无谓"，其实这正是该书极具价值之精华所在，难掩其集宋代香文化大成者的光芒。

正是从这些香谱中，可以看到宋代文人士大夫对香事的热爱。宋人的香谱中记载了多款宋代文人的香方，如丁谓的"丁晋公清真香"、赵抃的"赵清献公香"、韩琦的"韩魏公浓梅香"、苏轼的"苏内翰贫衙香"、黄庶的"黄亚夫野梅香"、黄庭坚的"黄太史清真香"与"黄太史四香"（意和、意可、深静、小宗）等。这些香方有的是托名，有的则确实由这些好香名人制作。

洪刍与陈敬，两人正好分别生活于北宋与南宋的转折期、金朝与元朝的更迭期，他们不经意间也记录下了当时社会的真实信息。而将洪刍《香谱》与陈敬《香谱》作对比，更可明确看出，相较于北宋时期，南宋时期的香料品类更多，尤其是来自异域的香料更丰富，人们的选择更多；经过两宋文人的反复实践，和合香方及制香之法更多样且记录更加详尽，香方中出现更多花卉等植物类的合香；香事更趋仪式化、精细化，香文化知识的普及性、指导性也更强。

2. 合香与制香

焚香成为文人日常生活的一部分，而与焚香密切相关的合香制香，更是让人想见文人消遣时光的优雅姿态。

玉炉沉水袅残烟

《陈氏香谱》记录了134种单品香料，这些香料绝大部分来自海外，依靠海外贸易进入中国，明显带有异域的情调。它们可以单独爇香，也可以加工后制成合香。据统计，最受宋人喜欢的是沉香、龙脑香、安息香、乳香、檀香、丁香、降真香、没药、木香这九种香料。合香之法贵于使众香咸为一体，这就需要人们掌握各种香料的状态，才能对症下药地找到最佳的合香、制香之术。麝香浊而质散，需搅动使其均匀；檀香坚硬而干燥，搅动使其具有黏性；沉香质密而有丰富的油脂，锉碎使其便于和合。

其中最为神秘的当数"香闻十余步"的龙脑香，据阿拉伯人记载，最上等的龙脑香可与黄金进行等重交换。

但最受宋代文人阶层追捧的是沉香。沉香既可入药，也可制成饮品。它香气内敛、含蓄、稳定，在中国的使用可追溯至汉代，沉香与乳香、龙脑配伍成和剂，成为天子祭天的主要香品。而用香的方式从最初的直接燃烧，到博山炉限制出烟，到了宋代，文人化的用香则普遍采用隔火焚香法，这种新的品鉴方式可以更加激发沉香出香的层次和优美，宋人范成大形容它气味如"莲花、梅英、鹅梨、蜜脾之类"，非常符合宋代文人的美学追求，成为他们的最爱。李清照"淡荡春光寒食天，玉炉沉水袅残烟"正是宋代文人用沉香的写照。沉香的地位因而获得前所未有的提升，稳居宋代文人用香的第一位。

沉香从宋代开始在文人阶层中形成至尊地位，有其深厚的中国传统人文主义色彩。早期的沉香多从海外进口,以占城、大食等地品质最佳。与其他香料国内基本不出产不同的是,海南一直出产国内沉香,但因地处偏远,商贸不便,并不为世人熟知。到了宋代,海南沉香因宋代官员贬谪居住而被发现,渐为世人所重。丁谓(966—1037),字谓之,江苏吴县人,一生经历丰富,官至参知政事,封晋国公,后贬崖州司户参军。他在谪居海南期间潜心研究"炉香之趣",并撰写《天香传》,于历史上第一次对海南沉香有所记载。绍圣四年(1097)大文豪苏轼被贬海南儋州,翌年弟弟苏辙六十岁生日,他以海南沉香山子为寿礼,并写下美文《沉香山子赋》,从此海南沉香知名度大增。蔡绦在《铁围山丛谈》里已开始称赞海南沉香为天下之冠了。

北宋时,海南沉香即通过闽越商船运输到杭州香市销售,丁谓《天香传》记载:"闽越海贾,惟以余杭船即香市。每岁冬季,黎峒俟此船至,方入山寻采,州人徒而贾贩尽归船商,故非时不有也。"到了南宋,随着苏氏美学影响力的不断深入,沉香文化愈加深入人心,沉香在当时南宋都城临安的使用更加广泛。沉香文化至今仍让人沉迷不已,也是今人用香的首选。

隔火品沉香木,成为宋代文人士大夫"四雅"的第一雅事,也是待客之道。沉香也可与香花制作花香型香片,"薰然真腊水沉片,烝以洞庭春雪花。只得掾曹作南董,国香未向俗人夸"(杨万里《和仲良分送柚花沉三首》其一),就是指这种合香。沉香也常与檀香、龙脑、麝香等香料一起用来调制香气层次更为复杂的香丸、香饼、香粉,很多合香香方都以沉香为第一主香配伍其他香料,如"锯沉百叠糁琼英,一日三薰更九烝。却悔香成太清绝,龙涎生妒木犀憎"(杨万里《和仲良分送柚花沉三首》其二)。

润分薇露合鸡苏

苏洵的《香》诗"捣麝筛檀入范模,润分薇露合鸡苏。一丝吐出青烟细,半炷烧成玉箸粗",描述了将麝香与檀香研末筛细,用蔷薇水、苏合油和合之后,入模做成线香焚烧的意趣。

合香,即是将两种以上的香料混合搭配,然后参照中药制剂的形式,制作成香饼、香丸、香粉、香片等。中国的合香历史非常悠久,汉代已有合香的记载,南朝范晔的《和香方序》可以说是最早的"合香"理论作品。合香在宋代形成高峰,宋代文人十分热衷于调和合香。

文人雅士不可一日无香,亲自动手合香成为宋代文人雅致生活的一部分。积极研究炼制合香,互赠香品,成为生活的一种乐趣。

合香的趣味在于调剂香味,就像现在的香水调香。只不过现代的香水是经蒸馏提取,而古代中国的香料制作则更多采用香药原料的混合来调香。宋代文人非常擅于以相对低廉的成本获得高级的香味,如龙涎香为抹香鲸的分泌物,属于极为珍贵的香材,但其实宋代香方中所冠"龙涎"者,多是调和众香而成,有些是香味类似龙涎的香品。又如宋代流行的"大小四合香",大四合以"沉檀龙麝"四香配制而成,而小四合则常就取日常材料。如《陈氏香谱》"小四合香"采用香橙皮、荔枝壳、槟榔核、梨滓等分为末制成。周密《澄怀录》中又载"山林穷四合香"以荔枝壳、甘蔗滓、干柏叶、黄连和焚,又加松球、枣核、梨核皆妙。陆游《焚香赋》写道:"暴丹荔之衣,庄芳兰之茁。徙秋菊之英,拾古柏之实。纳之玉兔之臼,和以桧华之蜜。"这往往成为文人以低成本获取高品质调香的秘法。

许多文人亲自参与香品的创造与制作过程,以发明独家香方为乐,自行调配和合香,从而形成特定的香方流传,如精通香事的苏轼自制"闻思香",自称"有香癖"的黄庭坚自制"知见香"等。文人合香中以黄庭坚之"黄太史四香"最有名，其中的意可香、深静香、小宗香等香方配伍都是以海南沉水香为主香。《陈氏香谱》还收录有不少以合香者命名的香方，如丁公美香篆、赵次公香、赵清献公香、苏内翰贫衙香、钱塘僧日休衙香等。

宋代文人还建立起"烟、气、味"的合香品评标准：烟应高举而上，方足以上达天廷；气润而味清为上，同时香味持久。宋代文人以清致为尚，以清为佳，或味清，或烟清。气味清雅、烟气清爽的香品受到文人推崇，故重沉香。如海南沉香的合香香品，赵希鹄在《洞天清录》中提到的"绝尘香"，它的香味"绝尘境而助清逸之兴"。而皇室贵胄取富贵丽侈，故以龙涎、龙麝为贵。

宋代文人合香讲究众香和合为一体，故将医方理论运用于合香方法中，最具代表性的是"君臣佐使"的观念。《陈氏香谱》合香条云："合香之法，贵于使众香咸为一体。麝滋而散，挠之使匀；沉实而腴，碎之使和；檀坚而燥，揉之使腻。比其性，等其物，而高下如医者用药，使气味各不相掩。"说明香组成规律有主次之分，即是依据"君臣佐使"的药学理论。君香，即主香，具有决定性作用，为香方气味的关键香药；臣香，即辅香，对主香的气味有加乘的效果，辅助衬托主香气味，使其更加丰富，加强气味的广度与深度；佐香，扮演稳定气味、聚烟的功能；使香，香方中作为调和、糅合诸香之用，通常为香的赋形剂。

苏轼曾将自己合制的"印香"送给弟弟苏辙作为生日礼物，《子由生日，以檀香观音像及新合印香、银篆盘为寿》："旃檀婆律海外芬，西山老脐柏所熏。香螺脱魘来相群，能结缥缈风中云。"这首诗的前四句提到苏轼自己所制合香用到檀香、龙脑香（冰片）、柏木香、甲香等原料。苏轼所合之香也体现了"君臣佐使"这一合香理念，檀

南宋"中兴复古"香饼

香为主香,柏香为辅香,而龙脑和甲香则为佐香,由于合的是篆印香,为散粉,所以无须用使香。

另一方非常有名的合香即"中兴复古"香饼。香饼呈方形,正面有"中兴复古"四字,背面为双龙纹,"中"字的空处有一个规整的小圆孔,当是作穿线佩系用。据考证,"中兴复古"香饼即南宋顾文荐《负暄杂录》中提到的"中兴复古"香,是龙涎香品之一的"内家香",传为宋高宗所合之香,以占腊沉香为本,杂以脑麝、栀花之类,香味氤氲,极有清韵。从中也可看出,高宗在合这方香时,有中兴国家之意,且把自己放入文人行列,以文人评香的标准来合的,这也正是宋代皇室文化一个很有趣的现象。

窨香是合香能否最后成功的重要一步，新合的香必须经过一段时间存储，让各种香的性质彼此融合不再分离。窨香贵在燥湿得宜。窨香的方法在洪刍《香谱》和陈敬《陈氏香谱》中均有描述，做法大致为将合香放入干净密封的瓷质或锡质容器中，用蜡纸（或油纸）密封，再在清静的屋中掘地三至五寸藏之，过数日或数月不等。窨香的时间长短根据香料不同而不同。窨藏后，燥湿得宜、轻而软的香燃烧迅速，"重实者"则耗费原料又燃烧迟缓。

花气薰人百和香

宋代香料大量来自南海诸国，进口香料价格昂贵，文人雅士便流行起了以花卉制香。宋人常用的制香花卉有朱栾花、柚花、素馨、茉莉、木樨花等。南宋程公许《和虞使君撷素馨花遗张立蒸沉香四绝句》其一曰："长讶诗人巧夺胎，天心同胁句中来。更将花谱通香谱，输与博山烘炭煤。"道出了宋人以花制香的秘密和关键点。

一是香料中添加花卉材料。宋人一般采用沉浸、蒸花、熏花等方式，制作香花香料。《陈氏香谱》中有许多记载，如"李主花沉浸"记载的便是将荼蘼、木樨、橘花或橘叶，亦可是福建茉莉花蒸熟去花留汗汁，然后用花汁水浸泡沉香，晾干，如是者三，以沉香透润为度；"花熏香诀"则将降真香切成薄片，用豆腐浆煮之，俟水香，去水，又以水煮，至香味去尽，取出，再以末茶或叶茶煮，百沸之后，漉出阴干。然后放在一干净瓦罐中，铺一层花，铺一层香片，依次铺盖，再用油纸封口，蒸制少许时间，取起，不要打开，冷却几日后，香味即成。

二是以自然留香法将花朵直接制成香料。宋人认为蒸制法像是一种对花的用刑，因此更推崇一种自然留香法。桂花半开的时候，香气最浓，那时候就采摘下来。又将冬青叶捣烂过滤成冬青叶汁，然后在桂花中稍许拌入一些冬青叶汁，放入瓷瓶中，用厚厚的纸蒙上密封。这种制香法简单易行，所制之香香气袭人，且留香持久。

三是花露蒸馏法。

《陈氏香谱》"南方花"条记载，"每四时遇花之香者，皆次次蒸之"，如梅花、瑞香、酴醾、栀子、茉莉、木樨及橙橘花等四时香花皆可蒸。

蔷薇水最早从国外辗转进口，宋人误以为是采蔷薇花叶露水而成，后来发现这是一个误会。宋人改进了蒸制蔷薇香水的技术：用白铜制品作蒸笼，把采摘下的蔷薇花放在上面蒸，娇艳的花朵蒸制后化为香水，而且不停地采、反复地蒸，这样积攒下来的香水越来越浓醇。

但宋人制成的蔷薇水仍然不如进口的蔷薇水香。大食国的蔷薇水香气浓烈，虽然贮存在玻璃器皿中，口子用蜡密封，其香气仍然能透过器皿散发出来，数十步远都闻得到，如果洒在衣服上，几十天都不褪。这跟现代西方香水的浓烈如出一辙。所以宋代蔷薇水仍以进口为主，大食的蔷薇水、玫瑰露非常名贵难得。

但这种反复蒸制的方法和过于浓烈的香型，并不符合宋代文人的用香理念，所以宋人自制的淡雅清新的蔷薇水受到文人阶层的喜爱。宋代文人笔下，"花气薰人百和香""花气蒸浓古鼎烟""水沉春透露华鲜"，以花熏香成为了一件颇具生活情趣的雅事。

第二章 焚香：金炉次第添香兽

爇香之法

宋代文人热衷香事，既厌旖旎俗气之味，也恶闺帏破裈之香，所以更喜欢闭阁焚香，澄怀观道，漫烟清谈，乃至视香为鼻观之道、灵台空明之法，品香自有一番天地。自古燃烧香料有熏香、焚香、烧香之说。"熏，火烟上出也。"由《说文解字》的解释，可见"熏香"一词应是将香料点燃，使其出烟的过程。而"焚"，《玉篇》则解释作"烧也"，所以焚香与烧香可视为同义，均侧重于香料的燃烧。所以"四雅"中的"焚香"，包含明火点燃式的焚香，也包含"火烟上出"的熏香，宋人喜总称为"爇香"。相对于佩戴、涂敷类用香，"爇香"是宋代文人最热衷的玩香之法，其中最具代表性的是"隔火焚香"和焚烧"篆香"。

1. 兽焰微红隔云母

隔火焚香在宋代文人圈中非常流行，也最具风雅。

"隔火焚香"是使用炉灰、隔火片达到"有香不见烟"的烧香方式。隔火焚香早在唐代已有，唐代陕西法门寺地宫出土了一系列香道具，如圆头灰押（或圆头香匙）、香箸等。到了宋代，隔火焚香的品香法，更符合宋代文人内敛的品格和清雅的审美，成为文众开展"四雅"焚香活动的最主要形式。

宋代关于"隔火焚香"的诗词非常丰富，为我们留下相关的信息。在陆游所作《焚香赋》中可以看到，"二趾之几"上使用了"两耳之鼎"的仿古香炉。香炉中放入了香灰，开始焚香的时候，"灰厚火深，烟虽未形，而香已发闻矣"。随后香气少进，"绵绵如鼻端之息"，香气上达，"蔼蔼如山穴之云"。他使用的香品在诗文中也有透露，"从山林之故友，娱耄耋之余日。暴丹荔之衣，庄芳兰之茁，徙秋菊之英，拾古柏之实，纳之玉兔之白，和以桧华之蜜"。应是宋代文人崇尚的"山林穷四合香"，采用荔枝壳、松柏叶等为原料，捣碎加入炼蜜，搓成香丸或印模成香饼。然而,陆游在文中较多描绘隔火焚香的妙处,对于具体操作方式却没有记录。

在宋代的其他诗文中也可以寻觅到隔火焚香的轨迹,黄庭坚《谢王炳之惠石香鼎》"薰炉宜小寝,鼎制琢晴岚。香润云生础,烟明虹贯岩。法从空处起,人向鼻头参。一炷听秋雨,何时许对谈",描写的就是隔火焚香。杨万里《烧香七言》曰"琢瓷作鼎碧于水,削银为叶轻如纸。不文不武火力匀,闭阁下帘风不起",由"不文不武"中可见为隔火焚香,"瓷鼎"为香炉,"银叶"则是隔火工具。而"闭阁下帘"讲的正是"闭阁焚香"。

唐李商隐诗句中的"兽焰微红隔云母"描写的便是用云母作为香料和明火之间的隔离。宋人使用的隔火片除了云母(造岩矿物,具有耐高温、绝缘作用),更多用金、银制成的叶子形状的隔火器具。唐人诗文中多出现"云母",而宋人的诗文中多出现金叶与银叶,如"博山银叶透"(侯寘《菩萨蛮·木犀十咏:熏沉》),又如"缓寻金叶熨香心"(黄时龙《浣溪沙》)等。

隔火焚香的方法,洪刍的《香谱》有一些记录。比如洪刍《香谱》"熏香法"条记载:使用烧香饼子一枚,用香灰覆盖,或者"用薄银碟子尤妙,置香在上,常令烟得所"。虽然此处烧香的目的是熏衣,但其实具体的操作已属于隔火焚香的方式了。此处的烧香饼子是特制的燃料,用木炭、软炭、羊胫炭等加蜀葵叶等制成,欧阳修称它"用以焚香,一饼之火,可终日不灭"。然而烧香饼子的使用也要有技巧,一般需要烧透、通体赤红,然后放入香炉中,《陈氏香谱》中记载需"伺有黄衣生,方徐徐以灰覆之。仍手试火气紧慢",宋人温华的《隐窟杂志》中又称其为"烧香埋火"。

陈敬的《陈氏香谱》"焚香"条有如下内容:"焚香必于深房曲

室,矮桌置炉,与人膝平。火上设银叶或云母,制如盘形,以之衬香。香不及火,自然舒慢,无烟燥气。"这里描述的是典型的文人闭阁隔火焚香的操作。

所以,我们可以将隔火焚香的方式归纳为:首先在香炉中放满香灰,然后将燃烧的烧香饼子放入香灰中,放置时需要观察香饼在香灰中是否仍能保持燃烧,之后用香灰慢慢将其覆盖,接着用手测试炭火的温度。然后便是放置隔火片,再将香料放在隔火片上,随着隔火片的渐渐升温,香料也慢慢散发出香味。

此外,隔火焚香的操作中还有一些小技巧。比如隔火的合香,焚烧一段时间后可以翻转,从而保证香味的持续。在陆游的《述闲》一诗中,"香暖翻心字",说的便是翻转隔火焚烧的心形(或菱形)香饼。而隔火焚烧的香饼香味消失或转淡后,还可以用于熏香衣被,让残热残香在夜晚尽情挥发。这在宋唐艺孙《天香》一词中有所描述,曰:"螺甲磨星,犀株杵月,蕤英嫩压拖水。海蜃楼高,仙蛾钿小,缥缈结成心字。麝煤候暖,载一朵、轻云不起。银叶初生薄晕,金猊旋翻纤指……早是新凉,重薰翠被。"

隔火焚香法之所以深受宋代文人的喜爱,是因为它特别适合木本类香料的出香。至宋代,人们开始广泛使用木本香料,以沉香为主,隔火焚香可以直接品这种香材,无烟、香幽,因此得到人们的喜爱。当然,隔火焚香也适合于品合香,当然是指被制成香饼或香丸等的香,散香则不用"隔火焚香"法。

2. 篆烟烧遍一盘花

打印篆香然后焚烧,是直接焚散粉类香料的一种品香法,是宋代最特别的香法之一,也是文人开展"四雅"活动中常用的焚香法。

印篆香,也称印香、香印、篆香、香篆等。所谓"镂木以为之,

73

以范香尘，为篆文"，说出了篆香的制作过程。宋人将香料压印成各种图案的香篆，焚烧于宴会、卧室、客厅等诸多场合，既可用于营造氛围，又可用于计时。

篆香的具体制作方法是：将各式香品制为粉状之散香、末香，置放于木刻或金属制成的范上，脱出各种样式的图案和文字，这种方式称为"印"；"篆"则指印出的图案如篆文曲折状，故篆香也称"曲水香"。叶庭珪《名香谱》云："曲水香，香盘即之，似曲水象。"描写了打完香篆后篆香盘曲状。"午梦不知缘底破，篆烟烧遍一盘花"则描述了篆香燃烧完后灰烬的痕迹。

宋代篆香还有计时的功用。

熙宁七年（1074）沈立知宣州时，题宣州石刻记"五香夜刻"："熙宁癸丑岁大旱，夏秋泉冬愆、南井泉枯竭，民用艰险。时待次梅溪，始作百刻香印，以准昏晓，又增置五夜香刻如左。"神宗熙宁癸丑年（1073）大旱，原以水计时的水瓶因井泉水枯竭，使用困难，当时沈立制作了百刻香印，以作计时之用，增加了一项传统的计时工具。

印篆香计时方式，以特别刻制的木模子为香范，线条要均匀一致，将香粉压出一盘图案，借由香粉燃烧便可计算时间，称之为"百刻香印"。宋代一昼夜分为十二时辰，共一百刻，一盘百刻香可燃烧一天一夜。陆游《东轩诗》"终日在东厢，闲消百刻香"即是。后来，经过改进和计算，又依据节气变化分上印、中印、末印等"五更印刻"，"上印最长，自小雪后大雪、冬至、小寒后单用"，"中印最平，自惊蛰后至春分后单用，秋分同"，"末印最短，自芒种前及夏至、小暑后单用"。

宋人为追求计时的准确，对百刻香印模的厚度、宽度、外径、中心径及刻度都有严格的规定，"其厚一寸二分，外径一尺一寸，中心径一寸无余"。对制作香印木范的木材也有要求，初时提出"以坚木为之，山梨为上，樟楠次之"；而到了南宋，都城临安则盛行象牙、乌木、花梨雕刻。对用香也提出要求，"百刻香若以常香则无准。今用野苏、松球二味，相和令匀，贮于新陶器内，旋用"。如此，才能起到准确计时的作用。

由于印篆香的便利性和实用性，使其在南宋时期十分流行。北宋末年洪刍《香谱》中只收录二种印香法，而到了南宋末年的《陈氏香谱》已增至十八种印香法，可见其受欢迎程度。而且这些印香还可细分成计时、厅堂书斋用、供佛用、日常生活用等不同用途，实用性非常广。

当然，计时只是篆香延伸的功能，其最主要的作用当然还是焚香。"耿耿残灯夜未央，负墙闲对篆盘香"（宋陆游《夜坐》），"萤穿古篆盘红焰，凤绕回文吐碧烟"（元瞿佑《香印》），"一灯如萤起微焚，何时度尽缪篆纹。缭绕无穷合复分，绵绵浮空散氤氲"（宋苏轼《子由生日，以檀香观音像及新合印香、银篆盘为寿》之一）。在静夜，安坐一隅，打上一炉篆香，任由思绪随那袅袅青烟盘回，如一道时光的缝隙，缥缈出尘，想必这正是宋人喜香的原因。

亲朋好友间以香作礼相赠，印香和篆盘是不错的选择。苏轼就曾将自己合制的"印香"与"银篆盘"当作寿礼送给弟弟苏辙。

宋代的打印香篆是一个细巧的活，打香篆得用松散香粉压印、框范、出脱篆模而成，需静心侍弄，打出的香篆才松紧得宜，才能确保燃烧时不会断火。与后来镂空的印模不同，宋代的印模多是有底盘的，在印模里填实香粉后，还必须将模子快速覆盘。怎么才能保证脱模而出的印香保持完整，还真是一个技术难题。"轻覆雕盘一击开，星星微火自徘徊"（宋华岳《香篆》），也许奥秘就在这一击的精彩。打印香篆是消磨时光的慢生活，也考验着打篆人的心性，久而久之方能技艺高超。当时十分流行上门打印香篆的服务，是不无道理的。

香炉与香具

不同于唐时金银制品的富丽奢华，宋代香炉以简约为美，又富于生活情趣，或为可爱的动物形制，或为沉静秀逸的素简瓷质，造型精巧，种类繁多。

香炉，为焚香炉具的统称，凡熏烧香品的容器均可称为香炉。仿古造型的瓷质香炉在两宋时期颇为流行，典型的器型有鼎式炉、簋式炉、樽式炉（奁式炉）、鬲式炉等。这些香炉基于功用，在造型、纹饰、尺寸上较原型青铜器均有改良，并非纯粹泥古，往往表达出新的造物理念，创新设计出新的器型。仿古造型的瓷质香炉，从焚香方式上来看，往往采取"有香不见烟""隔火焚香"的方法。

1. 熏香、焚香之具

与香料燃烧有关的工具，又有熏炉和香炉之称，而香炉为通称。从出土器物上看，熏炉出现的时期较早，在新石器时代的红山文化和良渚文化中，均有出土的陶制豆形器具，考古定名为"陶熏炉"，然而是否与熏香有关，仍有争议。

明确可熏香的香炉，在战国墓葬中已出现。在战国时期长沙楚地墓葬中出土了陶制熏炉二十六件，有的香炉中还存有未燃尽的香料和炭末。有六件形制为豆形，有盖带捉手式，盖有三角形镂空。早期的陶制豆形炉炉身很浅，炉盖较平，往往在炉身下部或底部镂有进气孔，在炉盖上镂有出烟孔。据考证，此种设计是方便空气进入，从而保证香草类的香料充分燃烧，香烟则从出烟孔散出。"熏炉"之名出现，目前考古资料显示是在西汉时期。在西汉长沙张瑞君墓葬中出土一件铜器，明确有"熏炉"二字的铭文；同时，两汉时期熏炉的出土数量十分丰富，形制除了豆形熏炉，还有鼎形熏炉与簋形熏炉等铜制香炉。另外也有一些铜制镂空形杯式炉、长颈铜熏瓶以及原始瓷镂空长颈瓶，但是这些器物是否确有熏香用具功能，有待进一步考证。

在宋代出土实物中，鼎式炉的数量也占有相当大的比重。此类器物的特征为底部三个兽足，腹部鼓起，有的还有云纹或螭龙纹等装饰（瓷质香炉则较少采用复杂纹饰），上有两附耳（少数无），材质有青铜、陶瓷与玉、石质等。推测其使用功能，宋代的这些仿古鼎式炉依功能大致可分为"盛放食物的纯粹祭器""专门的香炉""可能兼具香炉与陈设器等多重功能的鼎式炉"等。不少专家认为祭器（包括铜和陶瓷）的尺寸有严格的规定，器型相对较大，而不作祭器使用的仿古青铜器、瓷器器型较小。一般高度或口径超过20厘米的香炉属于体量较大的，体量大的香炉应属祭祀器或陈设器。从出土实物与文献记载上来看，"古鼎焚香"的这一行为方式也大致出现在徽宗朝前后，这一时期邹浩作的《古铜炉铭（并序）》言"十月十八日，予生日也，男柄走家僮持寿香与古铜炉来献"，文献记载也可佐证。此外北宋末年的黄庭坚亦作有《谢王炳之惠石香鼎》，两宋之间的张元幹（一作"干"）也有《浣溪沙·戏简宇文德和求相香》均描述了取用鼎类器物作香炉的现象。南宋诗人范成大、陆游等分别作有《古鼎作香炉》《焚香赋》等诗文，里面也都描述了用古鼎或"两耳之鼎"焚香的场景；在传世绘画南宋马远《西园雅集图》、南宋刘松年《秋窗读易图》、宋佚名《女孝经图》、宋徽宗《文会图》中亦可见；在出土墓葬及文物上也见鼎式炉的使用图像，如河北磁县出土的瓷枕上清晰绘制了一个带双耳的鼎式香炉，且器口还飘出香烟，清楚地说明了其功能。

南宋·官窑青瓷鼎式炉

高 13.4 厘米，口径 15.5 厘米，腹径 15.7 厘米

杭州南宋官窑博物馆藏

侈口，宽圆唇，扁圆腹，圆底，方耳，柱状足，足外侧贴饰凸棱，肩部饰两道弦纹。灰黑胎，较薄，施粉青釉，略泛灰，釉面上有冰裂纹开片。足外底部有六个支钉痕。老虎洞南宋官窑窑址出土，为仿青铜鼎式样，复古端庄，完整器在日本静嘉堂文库藏品中可见。此类南宋官窑中的仿古香炉用途尚可探讨，或为祭祀礼器，或为陈设用瓷，但依据体量及尺寸考察，作为焚香用具也可。

焚香之事在宋代极为流行。根据《梦粱录》记载，南宋临安官府和民间聚会时，有香药局专管香药、香炉等熏香事宜。南宋历代皇帝也经常将香与其他贵重物品一起，作为赏赐之物。南宋官窑是南宋时期专门烧制宫廷御用瓷的窑场，在官窑窑址的出土器中除了鼎式炉，还出土了簋式炉、樽式炉、鬲式炉等形制的香具，充分反映了南宋皇家对于香事的推崇。

第二章　焚香：金炉次第添香兽

　　簋式炉，是宋代另一类模仿青铜器造型的香炉。簋，是先秦祭祀用器，一般为盛装"黍稷稻粱"之物。然而如今定名为"簋"的器物在《考古图》和《宣和博古图》中被称为"敦"或"彝"，而图录中的"簋"则指"盨"。器物的形制为敞口、束颈、鼓腹，有圈足或兽足，两侧有龙形（或鱼形）双环耳，材质有铜制、瓷质和石质等。根据用途，推测其亦为祭祀用器、陈设用器和专门香炉器物。在山西大同金代纪年墓中出土一件石质簋式炉，出土时内有香灰。在传世绘画宋代《竹涧焚香图》中也绘有一件淡青色的簋式香炉，香炉中有香灰和香饼，并有香烟冒出。这些都可作为簋式炉用于隔火焚香的佐证。

　　宋代仿古类香炉中还有一类鬲式炉。鬲，先秦时期炊具，较少作为祭祀器物。宋代出土的鬲式炉，形制为折边口沿、短颈、扁圆腹，底部有三足，个别器物器腹内底对应三足的位置上挖出浅而小的圆形凹陷。纹饰多为素面或弦纹装饰，材质以陶瓷器为主，铜器占少数。在南宋官窑窑址、南宋吴奥墓与四川金鱼村窖藏中均有青瓷鬲式炉出土，尤其是南宋文士吴奥墓出土香炉极具代表性。此外图像材料中也有宋代鬲类器物作为香炉使用的证据，如吉林农安金代窖藏出土白釉盘上的印花图案。

　　此外还有一类樽式炉，器物整体呈筒状，底部有三足，周身或饰有弦纹，造型来源于汉代金属温酒器——樽。在宋代的诗文中，多以"奁""奁炉"称之，如"香奁云缕散霏霏""螭奁熏透麝脐香""睡起小奁香一缕"等。器物出土时代贯穿两宋，南北方均有分布，材质以陶瓷制品为主，定窑、汝窑、耀州窑、龙泉窑、南宋官窑等著名宋代窑口均有烧制。从出土器物来看，这类器物的口径均在8—15厘米之间，个别器物体量较大，从隔火焚香的行为来看，如此尺寸焚香极为适合。在日本京都大德寺藏南宋晚期的《五百罗汉图》（约

1178—1188，周季常、林庭珪作）中，出现了五件此种类型的香炉，且在《起塔》这则故事画中，还形象地画出了在放满香灰的香炉中添加"香饼"的这一动作，正是隔火焚香的形象写照。

隔火焚香的器具，除了香炉，在宋人陈敬的《陈氏香谱》中还列有香盒、香盘、香罂、香匙、香箸、香壶等用香道具。香盒为盛装香料之用；香盘，盛放热水，然后将炉放置其上，让水汽混合，使香气润泽；香匙，有平、锐两种，平香匙（类似今日香押）平灰用，而锐香匙则用来取用香粉末；香箸，夹取工具；香壶用来盛放香匙和香箸；香罂则是盛放香料粉，做混合、窨香之用。元以后出现"炉瓶三事"，即香炉、香盒、香瓶（内盛香箸与平香匙），也多是针对隔火焚香使用的固定搭配。除此之外，隔火焚香也需要一些家具陈设，如桌案或专门的香几，以及屏风（隔风，营造空气氛围）等。

南宋银樽式炉

高 4.9 厘米，口径 7 厘米

浙江义乌夏演乡流村古井出土

义乌博物馆藏

直筒状器身，三角云形板状三小足，上下两道凹弦纹间饰变形蟠螭纹。该器为银器仿青铜器造型及纹饰。

宋代好古重礼制，仿青铜器之风盛行，除了瓷器仿制青铜器，在宋代也出现大量仿青铜礼器的银器。为了使银器具有青铜器的浑厚凝重感，采取了夹层合成法的创新工艺，表现出更为灵活多变的加工技巧。

南宋·官窑青瓷簋式炉

高 10.5 厘米，口径 17 厘米，足径 13.5 厘米

杭州南宋官窑博物馆藏

南宋官窑目前发现有郊坛下窑址和老虎洞窑址两处。在郊坛下窑址出土了 23 类 70 多种瓷器，除日用器皿外，有一批在宋代民窑中少见或未见的仿古器型，簋式炉便是其中的经典之作。

此器仿商周青铜簋式样。簋，在商周时期的祭祀中，是用来盛放食物的；作为重要的礼器，与鼎配套使用，有一套完整严格的礼仪制度。与青铜簋相比，此器虽然表面没有神秘、繁缛的纹饰，但在造型上却是严格按照商周礼器的式样来制作的：敞口、束颈、鼓腹，两侧有龙形双环耳，腹部有两周凸弦纹，大圈足外撇，灰色胎，胎质较细。器物表面施有粉青色厚釉，质感如玉，釉面有开片，纹片大小适中，形制朴厚凝重，肃穆大方。

南宋·龙泉窑青釉簋式炉

高 8.4 厘米，口径 8.5 厘米，底径 6.3 厘米

1978 年浙江湖州下昂乡石泉村坟山头宋墓出土

湖州博物馆藏

敞口微撇，束颈，双耳，下腹外鼓，圈足。胎色灰白，质地坚硬致密。通体施粉青釉，釉层肥厚，色泽滋润，下腹釉面局部有开片。足端露胎处呈朱砂红，垫饼垫烧。此器制作精细，形体匀称，端庄秀美。

"簋"是中国古代用来盛放食物的青铜器皿，也用作礼器，流行于商朝至东周。簋作为重要的祭祀礼器，常和鼎配合使用，使用时簋为双数，鼎为单数。其使用数量有严格等级限制。据文献记载，只有天子可以使用九鼎八簋，而诸侯则使用七鼎六簋，卿大夫使用五鼎四簋，士则只能使用三鼎二簋。

南宋龙泉窑青釉鬲式炉

高 16.4 厘米，口径 19.9 厘米

四川遂宁金鱼村窖藏出土

此器轮制。敞口，口沿外卷，圆唇，短直颈，鼓腹，下承三锥形足。腹部与三足相对处有三道凸棱，连接肩部至足部。胎骨厚重，梅子青釉柔和莹润，釉层肥厚，表面遍布开片，纹大而稀疏。足端未施釉，呈火石红色。此器仿青铜鬲式样，是宋代较为常见的仿古器型。造型端庄规整，拙朴典雅，线条曲直有致，将实用性与艺术性完美结合。

窖藏是由于一些特殊的原因或突发的历史事件，窖藏主人将有价值的财宝和器物藏匿于地下而形成的特殊遗存。窖藏中出土的器物一般较为精美，且大多数属于所处时代的上等品。四川遂宁金鱼村窖藏为南宋末期瓷器窖藏，多为两宋时期产品，时间跨度百年。出土完整和可复原瓷器达千余件，以龙泉青瓷、景德镇青白瓷为主，且质量精美、器形珍贵，是中国宋瓷考古中最重要的收获之一。

南宋龙泉窑青釉鬲式炉

口径 9 厘米，高 6.5 厘米

浙江德清乾元山南宋咸淳四年（1268）吴奥墓出土

浙江德清博物馆藏

仿青铜鬲式样，尺寸小巧，釉色器形极其精致。器物出土自南宋文人吴奥墓。焚香是宋人的生活常态，而当时"博古"又是一种由上至下的社会风尚，墓主人吴奥官至文林郎，喜焚香，雅称"香山道人"，墓葬中除了出土鬲式炉之外，还出土有樽式炉和旋纹瓶等香道具。

南宋中晚期龙泉窑在釉色工艺方面做了提升，改原来的石灰釉为石灰碱釉，减少了釉的流动性，并掌握了多次上釉的技术，因此釉面出现了如玉的质感。龙泉窑中的粉青和梅子青产品都属于厚釉青瓷，将厚釉的玉质感与青铜器的造型相结合，充满了古朴卓雅之美。

北宋·汝窑天青釉弦纹樽式炉

高 12.9 厘米，口径 18 厘米，底径 17.8 厘米

故宫博物院藏

樽式炉又称"奁式炉"，此器仿青铜樽式样，器形典雅。直口，直筒腹，平底，底承三足。器外壁近口及近足处各饰两道等距凸弦纹，腹中部饰三道等距凸弦纹。外底有 5 个支钉痕。器表施天青色釉，釉色莹润光洁，浓淡对比自然，遍布细密开片纹饰。

汝窑是宋代著名瓷窑之一，胎质细腻，色如香灰，釉色天青，匀净滋润，装烧方式通常为裹足支烧，因此常在器表留下"芝麻钉"的痕迹。由于汝窑烧制时间短，存世量少，南宋叶寘所著《坦斋笔衡》中有"本朝以定州白瓷器有芒不堪用，遂命汝州造青窑器，故河北唐、邓、耀州悉有之，汝窑为魁"的形容。

南宋龙泉窑青釉三足炉

通高 7.6 厘米，口径 9.1 厘米，底径 5.1 厘米

浙江省博物馆藏

此器轮制。盘口较窄，平唇，直筒形腹部，平底，底承兽蹄形三足。腹壁中下部等距饰三道平行宽带状凸弦纹。施粉青釉，釉面光洁莹润，表面呈现出深浅的对比。瓷器典雅精致，规格小巧，是文人雅士案头熏香之香炉，古人又将这种香炉称为"三元九思炉"或"九元三极炉"。

龙泉窑是中国古代一处重要的瓷窑，以浙江龙泉为中心形成了龙泉青瓷窑系。南宋时期，由于龙泉窑的窑工们熟练掌握了对烧成温度和烧成气氛的控制，成功烧制出粉青釉和梅子青釉瓷器，使龙泉青瓷成为中国陶瓷发展史中的经典。

南宋龙泉窑青釉菊花鼓钉纹三足炉

高 4.7 厘米，口径 7.2 厘米，底径 3.3 厘米

2005 年浙江丽水下仓村南宋嘉定壬午年（1222）李垔妻姜氏墓出土

丽水市博物馆藏

直口，厚唇，斜直腹，急内收，平底。外底壁装有三只曲撇足。外壁口沿下及下腹部各有宽凸弦纹一道，宽弦纹上贴有菊花形鼓钉。胎质细腻，灰白色。施青灰色透明釉，外底无釉处呈灰色，有红色痕。菊花形鼓钉装饰为南宋器断代依据。

南宋龙泉窑青釉樽式炉

高 9.5 厘米，口径 14.2 厘米，底径 6.8 厘米

浙江绍兴钱清南宋咸淳元年（1265）环翠塔地宫出土

绍兴博物馆藏

直口宽沿，器身呈圆筒状，底部三矮足，通体施青灰色釉。腹部四面凸起四组图文，分别为"福""寿"两字，及牡丹花纹饰两朵。器物出土于"咸淳乙丑六月廿八日辛未"纪念石函中，出土时炉内留存有香灰，应为佛教供养器。

北宋婺州窑青釉莲花炉

通高 12 厘米，口径 13 厘米，底径 8.5 厘米

浙江省博物馆藏

此器折沿，平唇，圆筒形炉身，高圈足，圈足外撇。炉身上部有轮制痕迹，细线刻划鹦鹉纹和卷云纹，下部用浮雕及阴线细刻三层仰莲纹。莲瓣上局部有天青色乳浊釉状晶体，是婺州窑产品上常见的窑变现象。此器通体施青釉，集实用性和审美性于一体。

婺州窑是浙江金华地区唐至元代的瓷窑，所烧产品以青瓷为主，兼烧黑釉、褐釉、花釉、乳浊釉瓷和彩绘瓷，茶圣陆羽的《茶经》中记述："碗，越州上，鼎州次，婺州次，岳州次，寿州、洪州次"，把婺州窑生产的青瓷茶碗列为第三位。而此款杯式青釉莲花炉，其用途应该与礼佛有关。

宋青白釉莲瓣纹炉

通高 11.5 厘米，口径 13.5 厘米，底径 7.7 厘米

广东潮州羊皮岗出土

广东省博物馆藏

炉形似豆，口稍外撇，腹较深，扣碗形底座。炉身外壁刻多重莲瓣纹，座刻覆莲瓣纹。施青白釉。此炉为宋代笔架山窑典型器物。美国波士顿艺术博物馆藏宋代《调鹦图》中出现了类似的炉形器物。

北宋定窑白釉香合

通高 7.8 厘米，腹径 10.5 厘米，底径 5.4 厘米

河北定州静志寺塔地宫出土

定州市博物馆藏

胎白质细。釉白闪青，口沿无釉，足无釉有落渣。子母口，合盖微拱，上饰弦纹两道。直腹，下有矮圈足。盖沿内壁有墨书一周，为供养人姓名和施舍重量，墨书曰："万岁□□院主施香半两，定州子南门北自□后嗣母任氏施香一两，僧大吉施一两。供养舍利。"中间有墨书六行，题首为"太平兴国二年五月二十二日葬记"，太平兴国二年为公元 977 年。墨书充分说明了其用途。香合，又名"香盒"，是用来储放香料的容器，尺寸较粉合与油合的尺寸稍大，有可扣合的子母扣，为香料的储存营造了较好的密闭空间。

南宋牙角质香盒

高 6.1 厘米，直径 10.7 厘米

2004 年江苏南京江宁建中村南宋绍兴二十五年（1155）墓出土

南京市博物馆藏

牙角质，子母口，镶银扣。出土时盒内盛满香料。

北宋素银合

通高 6.5 厘米，腹径 7.6 厘米，底径 6.1 厘米

河北定州静志寺塔地宫出土

定州市博物馆藏

银质，子母口，盖面隆起。腹部外凸，子母口，腹下收，平底，圈足外撇。

金银香合是香合中较为贵重者，法门寺地宫中出土素面圆形及方形银合各一，物帐碑皆记为"香合"。在静志寺塔地宫中共出土唐宋时期银香合九件，有錾刻龙凤花卉者，也有素面者。

北宋越窑青釉刻划花鹦鹉牡丹纹合

高 5.5 厘米，口径 12.6 厘米，底径 9.6 厘米

江苏常州市石油化工厂宋井出土

常州博物馆藏

浅腹折腰，圈足外撇，盒盖刻划花纹饰，主题纹饰为鹦鹉牡丹纹，外圈刻一周羽毛状纹，中间有两道凸出的弦圈。圈足底中心有三道刻划纹，靠足跟处有支垫痕迹及粘砂。

宋代较多使用瓷香合，前文静志寺出土定窑白釉香合有明确用途的文字记载。该香合刻花与划花工艺结合，为北宋越窑青瓷中仿金银器之作。就功能而言，宋代的青瓷盒可分为盛放香料的香合和盛放化妆品的粉合。此款瓷合直径较大，且子母口咬合严密，猜测可作香合使用。

南宋青白釉瓜棱香合

通高 12 厘米

江西德安县农机厂出土

整体呈瓜形，子母口，盖身比例各半，盖顶为瓜蒂形钮，钮部下分四条瓜棱。施青白釉，胎土洁白，为宋代景德镇窑产品，同类器物在英国维多利亚·阿尔伯特博物馆中可见。

在日本西大寺藏南宋刻《释迦牟尼说法图》中的佛前香案上也有瓜棱香合一件（与香炉放置在一起），与该器器形相似，故猜测其为香合。

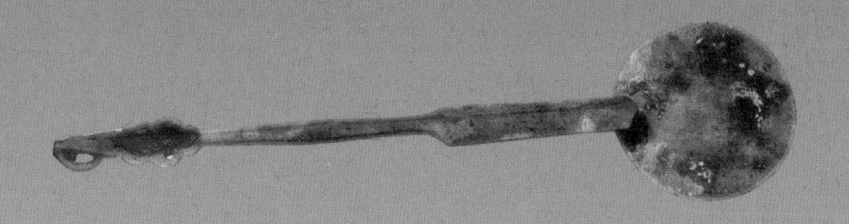

南宋铜香匙

通长 22.3 厘米

福建福州茶园山南宋端平二年（1235）墓出土

福州市博物馆藏

匙面呈圆片状，柄与匙面铆合，柄梢为花朵形。

南宋龙泉青瓷弦纹香瓶

高 15 厘米，口径 6.5 厘米，最大腹径 8.5 厘米，底径 5.3 厘米

浙江德清县乾元山北麓南宋咸淳四年（1268）吴奥墓出土

浙江德清博物馆藏

浅盘口，筒形直颈，球腹，矮圈足。颈中部和肩部各装饰三道凸弦纹。内外施青绿色厚釉，釉面莹润，开细纹片。圈足底端无釉，呈火石红色，应为龙泉窑产品。

宋人"隔火焚香"之法所需的配套香具中有专门用于置放香匙、香铲和香箸的用器，被命名为"香壶"。《陈氏香谱》记载："香壶，或范金，或埏（shān）为之，用盛匙箸。"明代文震亨在《长物志》卷七《器具》中亦列香具"箸瓶"："箸瓶，官、哥、定窑者虽佳，不宜日用。吴中近制短颈细孔者，插箸下重不仆。铜者不入品。"

南宋龙泉窑青釉盘口胆瓶

高 14.8 厘米，口径 6 厘米，底径 5.4 厘米

四川遂宁金鱼村窖藏出土

盘口，长颈，弧圆腹。白胎，梅子青釉。这类龙泉窑青釉盘口胆瓶，名称不一，有称盘口瓶的，有称长颈瓶的，有称胆式瓶的，有称觯式瓶的，也有笼统称青瓷瓶或青釉瓶的。

这种铜瓶的造型来源于觯，觯是一种青铜酒器，盛行于我国商代晚期和西周早期。在《礼记·礼器》中有"宗庙之祭，尊者举觯，卑者举角"的说法。不过到了宋代，这种觯形铜瓶的功用却有了不小的改变，根据器物尺寸及造型分析，此瓶极有可能是香瓶。

北宋耀州窑青瓷刻花套盒

通高 7.5 厘米，口径 7.4 厘米，腹径 8.2 厘米，底径 7.9 厘米

陕西蓝田北宋吕氏家族墓 M5 吕省山墓出土

陕西省考古研究院藏

盒呈筒状，由外、中、内三盖及盒身共四部分组成。外盖平顶立沿，母口方唇。中盖叠放盒身口沿处，形如小碟，浅腹平底，底心中空，以承套内盖。内盖置于中盖底心圆孔中，拱顶，正中设小圆钮，宽平折沿，高子口。盒身设子口，深直腹，平底。通体施青色釉，釉色匀亮莹润。胎色浅灰白，胎体质坚细密。外盖顶面刻折枝牡丹花叶纹，立沿饰花瓣纹一周，以篦纹划出筋脉。中、内两盖均素面。盒身外壁满饰缠枝牡丹花纹。

该套盒是吕氏墓地所见的新器型。其独特的形制应与用途相关，推测盒内装敛之物要求封闭严密，即便在使用时也无须完全打开封盖，可能密封作窨香之用。窨香是指将新合的香在密封的瓷盒中静置，令其熟化，使众香浸润融合，令香气温润。

宋青白釉印花盖罐

高不详，口径13.6厘米，底径8厘米

浙江省博物馆藏

罐子母口，盖模印花卉纹，肩部一圈印瓜棱形，腹部一圈印卷云纹，整体形制小巧秀气。罐内外施青白釉，釉呈玻璃质感，光亮润泽。

在宋人《陈氏香谱》中"窨香"器提及密封瓷罐，然像吕氏家族墓葬中出土的青瓷套盒者极为稀少。此罐具有极强的密封性，且内外施釉，故也可能是窨香瓷罐，供参考。

南宋石杵

残长13厘米，腰部最大径约7.8厘米

杭州白马庙巷制药作坊遗址出土

灰青石料，质地较为粗糙，表面打磨平整，柱体有裂缝，两端残缺，近似圆柱形，腰至两端逐渐缩小。可作捣碎药物的工具。

南宋石臼

残高 16.5 厘米

杭州白马庙巷制药作坊遗址出土

石质粗糙坚硬，平面近似圆形，外壁与底破损严重，壁面清晰可见斜线纹理。顶部中心下凿一直径 16.5 厘米、深 9 厘米的圆形圜底臼窝，臼窝壁面平滑。

石臼为砸、捣、研磨药材、食品等的工具，是古代人类生活的必需品。一般由一个臼体和一个石杵组成，使用时手握石杵，用力敲击臼体里的物体，直到成泥或碎末。

示意图

南宋石碾船（残缺）

高 8 厘米，残长 19 厘米，宽 10.7 厘米

杭州白马庙巷制药作坊遗址出土

整体呈窄长船形。灰青石料，质地较为粗糙，壁面打磨平整，顶面较平，中间凿有宽 4.5 厘米、深 4.5 厘米的碾槽，弧腹内收至槽底形成一道凹棱。

此件石碾船与上文石臼、石杵的出土地白马庙遗址为南宋时期制药作坊遗址，遗址中除各类制药工具外，还出土了大量具有药用价值的果核，经检测多有治疗痢疾、鱼蟹中毒等效用。此处制药作坊遗址靠近南宋皇宫大内，有专家考证，此处遗迹可能为当年严家药铺升格为"金杵白严御家"后的一部分。白马庙遗址在宋时虽是一处制药作坊，但许多香料本身具有医药效果，宋人的笔记中又常以香药称之，甚至载录于医药文献中，所以不排除此处进行香药加工的可能性。

第三章

点茶：雪沫乳花浮午盏

第三章
点茶：雪沫乳花浮午盏

"茶兴于唐而盛于宋"，宋代茶文化是在唐代的基础上发展起来的，并达到中国茶文化的高峰，时人无不以饮茶、品茶为时尚。宋代流行的饮茶方法已从唐人的煎茶法（烹煮法）过渡到点茶法。在日常生活中点茶、煎茶、擂茶及冲饮散茶并存，但以点茶法最富情趣和特色，也最受文人士大夫喜欢。

宋代点茶以工艺精湛的贡茶——龙凤团茶和讲究技艺的点茶艺术为主要特征，并衍生出斗茶、分茶技艺。在宋人"四雅"中，点茶排列第二，说明受欢迎程度非常之高，并且已经普及到社会各阶层。

饮茶小史

中国是世界上最早发现茶树和利用茶树的国家，相传神农尝百草之滋味、水泉之甘苦，令民知所辟就。当此之时，一日而遇七十毒，得荼而解之。上古时期氏族部落的首领神农氏，为民尝百草中毒，后食茶而解。唐代茶圣陆羽认为"茶之为饮，发乎神农氏，闻于鲁周公"。鲁周公即西周时期的周公旦。陆羽还列举了茶的不同名字：茶、槚、蔎、茗、荈。茶又称荼、苦荼，成书于先秦时期的《尔雅·释木》中有："槚，苦荼。"自陆羽开始，各种名称统称为"茶"。

中国是茶的故乡，茶树的种植距今已有 6000 年历史，河姆渡文化田螺山遗址考古发掘中出土了一株山茶属树根，被认为是迄今为止中国境内考古发现的、最早的人工种植茶树的遗存。中国人饮茶方式从古至今可分为"粥茶法""末茶法"和"散茶法"三个阶段。

第一阶段为西汉至六朝时期的"粥茶法"，即将茶叶煮熟后研磨，与饭菜调和一起食用。汉代郭璞注《尔雅》"荼"曰："树似栀子，冬生叶，可炙作羹饮。"在 1973 年发掘的湖南长沙马王堆的一号、三号西汉墓葬中出土的记录墓主人陪葬器物名目、数量的遣册上，记有"苦羹"二字。有专家认为，这种苦羹有可能就是用茶与米做成的粥。在长沙马王堆三号墓中还出土有竹笥（竹篾编织的箱盒）的签牌，上面墨书"笥"，而竹笥里面的黑色颗粒状物质经鉴定，可能是茶叶。西汉王褒《僮约》中有"烹茶尽具""武阳买茶"的描述。成书于三国时期的《广雅》记载：荆巴间采叶作饼，叶老者饼成，以米膏出之。要煮茶喝时，将茶叶烤炙之后捣成粉末，掺和葱、姜、橘皮等调料，再至锅中烹煮后饮用。

第二阶段，贵族中出现一种精致的饮茶方式——"末茶法"，又称"煎茶法"。晋代出现"末茶法"的雏形，杜育的《荈赋》中有"惟兹初成，沫沉华浮。焕如积雪，晔若春敷"，茶叶研磨之后，在沸水中"育华"，明显与先前的"粥茶"法有所不同。"末茶法"的流行在唐至元代前期。唐人陆羽是这一转折时期得风气之先的开拓者和推广者。他的理论著作《茶经》分三卷十门，详细记载了饮茶的风俗典故、茶叶的加工制作、饮茶的器具以及茶事等。《茶经》中描述当时流行的饮茶法是先将茶饼炙烤，然后碾碎，再用筛子筛出细末。一旁，在风炉上的茶鍑中煮水，并在水微沸时放入少许盐调味，第二沸时舀出一瓢水备用，用竹䇲搅动沸水，量取茶末放入，等沸水像奔腾的波涛一样迸溅出泡沫即三沸时，再把先前舀出的水加入止沸，随后茶汤表层形成浮沫，然后将带浮沫的茶汤均匀地分配到茶碗中饮用。这种饮茶的方式，又被称为"煎茶法"。陆羽在《茶经》中所列器具有风炉、筥、炭挝、火䇲鍑、交床、夹、纸囊、碾、罗合、则、水方、漉水囊、瓢、竹䇲、鹾簋、熟盂、碗、畚、札、涤方、滓方、巾、具列、都篮等器。在旧题唐人的绘画中可窥见一斑。西安法门寺出土的唐代银鎏金茶具更证实了书中所述。

晚唐时期，出现另一种饮茶方式，即将茶饼碾磨成粉后，再用沸水冲茶、调膏的"点茶法"，唐代后期苏廙的《十六汤品》较早记录了此种方式。此后，"点茶法"经两宋的发展，成为宋代直至元初主流饮茶方式。因宋人生活方式的精细化，在茶饼的制作、茶末的处理，以及茶汤的冲饮方面，均较之唐人更为讲究。

南宋刘松年《撵茶图》生动描绘了南宋文人从磨茶到烹茶的具体过程，而点茶过程中所用的茶器也一一呈现。画面中左前方一人坐在长条矮几上，转动茶磨磨茶。旁边的桌上有筛茶的茶罗、贮茶的茶盒、盛茶汤的茶盏、盏托、搅拌击打茶末的茶筅等。一人正站在桌边，手里提着汤瓶预备点茶，以供饮用。点茶法的一般流程是先将茶饼经炙烤，碾磨成粉末后，在茶盏中放入茶末，注入沸水，

南宋 刘松年 《撵茶图》 现藏于台北故宫博物院

调和成膏油状，然后边点汤（注水）边击拂（用茶筅轻搅茶汤使其表面出现细沫）。

第三个阶段为"散茶法"，采摘茶芽或茶叶后，不再进行压饼或碾末，而是晾干或焙干后直接在茶壶或碗中用热水冲泡，再分入杯中品饮。这种饮茶方式在元代王祯的《农书》中便有记载。书中提到的饮茶方式，主要有"茗茶""末茶""腊茶"三类。其中茗茶是直接冲泡茶叶或茶叶嫩芽；末茶则是将鲜叶先蒸后捣，然后再把捣碎的茶叶烘干或晒干形成细碎末茶；而腊茶，则仍延续唐宋的茶饼、团茶制作和饮用方式。明洪武二十四年（1391），明太祖朱元璋以减轻茶户劳役为由，颁布了禁止碾揉茶饼的诏令。自此，费工费时的团茶淡出了历史舞台，国人进入全面饮散茶的阶段。饮茶方式的改变也促进了茶具的革新，茶壶、盖碗、茶杯等茶具遂行于世。

宋代饮茶之风

中国茶文化"起于唐,盛于宋"。茶叶在中唐时成为"比屋之饮",至宋代已成为最普遍的大众饮品。此时的茶文化已渗透到人们衣食住行、生死嫁娶等方方面面,北宋名相王安石在《议茶法》中指出:"茶之为民用,等于米盐,不可一日以无。"

随着经济的发展,宋代无论统治阶级还是平民阶层,普遍讲求生活的精致。宋代皇室及文人士大夫的积极参与,形成了一整套从理论到实践的茶文化体系,将宋代茶文化推向高潮。主要表现在:一是贡茶制度之完备;二是茶学研究之精深;三是茶艺美不胜收。尤其对"点茶法"的研究和实践,创造了中国茶文化的巅峰,至今无法逾越。

1. 皇室的大力倡导

宋代,朝廷将茶礼纳入宫廷礼仪。朝廷举办春秋大宴等重要场合,皇帝面前设茶床;皇帝视察国子监,要对学官、学生赐茶;接待契丹使者亦赐茶,契丹使者辞行时,皇帝亦设茶床。宋朝诸王纳妃的聘礼之中包括"茗百斤",贵族婚礼中引入茶仪。

茶事列入宫廷礼仪并记入正史,大大提升了茶事活动的地位,推动了宋代茶文化的发展。

朝廷对饮茶的要求也日益提高。太宗朝始创龙凤团茶,以别庶饮;宋仁宗对北苑茶及其煎点方法尤为青睐;宋徽宗则喜欢品茶、斗茶,并亲自撰写《大观茶论》,在中国茶史上可与陆羽齐名;到了南宋,高宗也养成早晚喝茶的习惯,向往品茶参禅的山林生活。

同时,朝廷对贡茶要求精益求精。始于太宗朝的龙凤团茶至徽宗时期已达到无以复加的精致程度。朝廷在建安(现福建建瓯)北苑设立规模宏大的贡茶院,生产的龙凤团饼茶,从采制到加工,工艺繁复，技术精良，年年花样翻新，名品达数十种之多。宋徽宗赵佶爱茶成癖，他通过动手实践而亲自撰写的《大观茶论》，论述了茶叶产地、采制、品饮等内容，并在《大观茶论》中称："本朝之兴，岁修建溪之贡，龙团凤饼，名冠天下。"宋代贡茶的发展促进了品饮技艺的提高。

2. 文人士大夫的热烈响应

在宋代皇帝的影响下，宋代各阶层好茶之风盛行，而且越来越讲究茶叶原真的味道。

北宋中期以前，宋人饮茶方式多种多样，但随着茶品的日益丰富与品茶的日益考究，士大夫们开始摒弃茶叶与葱、姜、薄荷、米、橘皮等同煮的方式，如苏轼弟弟苏辙就曾吐槽："又不见北方俚人茗饮无不有，盐酪椒姜夸满口。"点茶开始在文人士大夫中蔚然成风，至南宋更是成为日常生活艺术，是"四雅"最重要的内容。

宋代文人士大夫对茶文化的最大贡献，还体现于将茶与相关艺术融为一体。苏轼、欧阳修、蔡襄、黄庭坚、范仲淹、王安石、梅尧臣、苏辙、陆游等都热衷于茶文化。他们参与茶事以精神享受为目的，认为茶是品性高雅的饮品，饮茶是修身养性的精神享受。他们品茶、吟诗、作画，倡导有仪式感的茶宴、茶礼、茶会，使普通的饮茶充满艺术氛围。宋代文人通过吟茶诗、写茶文、作茶画，大大提高了茶事的文化品位。

3. 市民茶文化的兴起

茶在宋代已是一种大众饮品，在点茶的基础上，衍生出"斗茶""分茶"，民间茶肆、茶坊中的饮茶方式更是丰富多彩。

据吴自牧《梦粱录》卷十六记载，临安茶肆张挂名人书画，陈

第三章　点茶：雪沫乳花浮午盏

南宋　刘松年　《茗园赌市图》（局部）

列花架，插上四季鲜花。一年四季"卖奇茶异汤，冬月卖七宝擂茶、馓子、葱茶……"到晚上，还推出流动的车铺，应游客的点茶之需。当时的临安城，茶饮买卖昼夜不绝，即使是隆冬大雪，三更之后也还有人提瓶卖茶。

临安城茶肆分成很多层次，以适应不同的消费者。一般作为饮茶之所的茶肆茶店，顾客中"多有富室子弟，诸司下直等人会聚，习学乐器，上教曲赚之类"，当时称此为"挂牌儿"。有的茶肆，"本非以茶点茶汤为业，但将此为由，多觅茶金耳"，时称"人情茶肆"。还有的茶肆，专门是士大夫期朋会友的约会场所。

宋代贡茶与名茶

宋代农业生产得到发展，商业性农业和经济作物种植规模扩大。茶叶生产在社会经济结构和国家财政结构中占据一定比重，全国各地出现各种名特优新茶叶产品。但龙凤团茶并不以经济作物的面貌出现，而是宋代贡茶制度的产物。

1. 宋代名茶

据《宋史·食货志》，宋徽宗赵佶《大观茶论》、熊蕃《宣和北苑贡茶录》和宋代赵汝砺《北苑别录》等记载，宋代名茶有 90 余种。宋代名茶仍以蒸青团饼茶为主，"斗茶"之风盛行，也促进了各产茶地不断创造出新的名茶。

名优茶品有顾渚紫笋、阳羡茶、日铸茶、双井茶、瑞龙茶、谢源茶、双井白茶、雅安露茶、蒙顶茶、临江玉津、袁州金片、青凤髓、龙芽、方山露芽、径山茶、天台茶、西庵茶、雅山茶、鸟嘴茶、白云茶、月兔茶、宝云茶、仙人掌茶、紫阳茶、信阳茶、黄岭山茶、虎丘茶、洞庭山茶、灵山茶、沙坪茶、峨眉白芽茶、武夷茶、卧龙山茶等。

宋代，建茶风靡一时。许多诗人在品尝之余，纷纷援笔作诗，留下许多华美的诗章。"石碾轻飞瑟瑟尘，乳香烹出建溪春。世间绝品人难识，闲对茶经忆古人"是宋初诗人林逋的茶诗。诗人梅尧臣有诗曰："岁摘建溪春，争先取晴景。大窠有壮液，所发必奇颖。一朝团焙成，价与黄金逞。"建溪春是当时建阳一带出产的优质名茶，此茶之味甘美醇厚，且带乳香，实为人间绝品。大诗人苏轼留下建茶诗甚多。《和钱安道惠寄建茶》描写诗人对龙团贡茶"收藏爱惜待佳客，不敢包裹钻权幸"的心境，既批评了当时用名茶贿赂权臣的不良风气，也表达了诗人对建茶的喜爱之情。南宋初期，建溪春仍为建茶中的名品。朱松（朱熹之父）曾在建阳考亭与当地文人品用建溪春，作赠答诗八首，其中，《答卓民表送茶》云："搅云飞雪一番新，谁念幽人尚食陈？仿佛三生玉川子，破除千饼建溪春……"

宋徽宗认为茶是灵秀之物，饮茶令人清和宁静，享受芬芳韵味。他自己嗜茶，也提倡人们普遍饮茶。"至若茶之为物，擅瓯闽之秀气，钟山川之灵禀，祛襟涤滞，致清导和，则非庸人孺子可得而知矣。中澹闲洁，韵高致静，则非遑遽之时可得而好尚矣。"

2. 龙凤团茶

宋代建茶中最为有名的还数北苑贡茶。范仲淹《和章岷从事斗茶歌》描写了建溪一带"北苑将期献天子，林下雄豪先斗美"的斗茶盛况。南宋爱国诗人陆游晚年任职建安，他到任的第一首诗《适闽》就是茶诗："春残犹看少城花，雪里来尝北苑茶。"《建安雪》："建溪官茶天下绝，香味欲全须小雪。"

龙凤团茶即北苑龙团凤饼之合称，为宋北苑贡茶之统称，代表了中国古代饼茶最高成就。北苑茶指如今福建建瓯凤凰山一带所产茶。宋太平兴国年间（976—984）已造龙凤团茶。咸平间（998—1003）丁谓造"大龙团"以进。庆历时蔡襄造"小龙团"，较"大龙团"更胜一筹。神宗时又出"密云龙"，比小龙团还要精细。至徽宗宣和年间，又创制出"银丝水芽"，可谓精美绝伦。

龙团凤饼加工工序异常复杂，要经过采茶、拣茶、蒸茶、榨茶、研磨、造茶、过黄等多道程序。

采茶

北苑茶采制多在惊蛰前后。上山采摘之前的春分左右先要上山"喊山"，即先春喊山。在惊蛰前三天开焙采茶之日，凌晨五更天之际，聚集千百人上山，一边击鼓一边喊："茶发芽！茶发芽！"此时

"千夫雷动,一时之盛,诚为伟观"。欧阳修诗云:"年穷腊尽春欲动,蛰雷未起驱龙蛇。夜闻击鼓满山谷,千人助叫声喊呀。万木寒凝睡不醒,唯有此树先萌芽。乃知此为最灵物,宜其独得天地之英华。"南宋中期赵汝砺《北苑别录》记载:"每日常以五更挝鼓,集群夫于凤凰山,监采官人给一牌入山,至辰刻复鸣锣以聚之,恐其逾时贪多务得也。"

拣茶

就是对采摘的叶芽再进行挑选。最高等级的原料称斗品、亚斗。

鲜叶有小芽、水芽、中芽、紫芽、白合、乌蒂之分。小芽指有芽无叶的茶芽,其中,细小如针的茶芽被认为是小芽的上品,蒸熟后要放置水盆中拣剔出来,又称水芽;一芽一叶叫中芽;两叶一芽叫白合("一鹰爪之芽,有两小叶抱而生者,白合也",今称为鱼叶);紫色的茶芽叫紫芽;乌蒂是指茶芽梗基部带有棕黑色乳状物的茶芽。茶芽的优劣顺序是:水芽、小芽、中芽、紫芽、白合、乌蒂。拣茶就是把紫芽、白合、乌蒂剔去。

蒸茶

蒸叶之前必须把鲜叶洗涤干净。蒸茶过熟,则叶色过黄,芽叶糜烂,不易胶粘;不熟,则出现青草气,色泽过青,泡茶易沉。蒸好后应用冷水淋洗,使之速冷。

榨茶

分小榨、大榨、复榨三个过程。蒸好并冷却的茶鲜叶,先放小榨中榨去水分,然后用细绸布包好,在外层束以竹片,放入大榨,榨去茶汁,榨一次后将茶取出揉匀,再用竹箅捆好入榨进行复榨。榨茶一般昼夜不停,直到茶汁榨尽为止。把茶汁榨尽,破坏茶中有效成分，这似乎不符合常理，但斗茶之茶以色白为上，茶味求清淡甘美，尽去茶汁，可防止茶之味、色重浊，正是斗茶的需要。

研磨

将压榨过的茶放入盆内捣研，茶等级不同，研茶时兑水次数也不一样，有十六水、十二水、六水、四水、二水等。贡茶第一纲龙团胜雪与白茶的研茶工序都是"十六水"，"拣芽"研磨时要加六次水，"小龙凤"茶要加四次水，"大龙凤"茶要加二次水，其余各纲次贡茶的研茶工序都是"十二水"。研茶的标准是把水研干，茶叶大小均匀、柔韧。研磨时，须"至于水干茶熟而后已。水不干则茶不熟，茶不熟则面不匀，煎试易沉"。研过之茶要达到"荡之欲其匀，操之欲其腻"的程度。

造茶

将研磨后的茶放入模子中，压成饼状。模子有圆形、方形、菱形、花形、椭圆形等，上刻有龙凤、花草各种图纹。模子有银模、铜模，圈有银圈、铜圈、竹圈。一般有龙凤纹的用银圈、铜圈，其他用竹圈。蔡襄在《北苑十咏·造茶》中有诗云："屑玉寸阴间，抟金新范里。规呈月正圆，势动龙初起。焙出香色全，争夸火候是。"生动地描述出造茶时的情景。

过黄

即把茶饼烘干。开始时用较大的火烘焙，然后蘸沸水，再用烈火烘烤，这样反复三次后，再让茶饼烘烤一夜，第二天用温火烘，叫作烟焙，"焙之火不欲烈，烈则面泡而色黑"。烟焙火不可太猛，否则茶饼表面会发泡、发黑；也不能有烟，"烟则香尽而味焦，但取其温温而已"。烟焙的时间依茶饼的厚薄而定，厚的一般在十天左右，最多达十五天，薄的一般最少也要七天。茶饼足干后，用热水在表面刷一下,之后放进密室用扇子扇之,使其有光泽,叫出色。

加工完成的龙团凤饼有八饼为一斤的,也有二十饼为一斤的。形状有方有圆,还有其他形状。尺寸有方一寸二分的,有横长一寸五分、横长一寸八分的,有径一寸五分、二寸五分、三寸的,有直长三寸、三寸六分的,有两尖径二寸二分的等等。

第三章　点茶：雪沫乳花浮午盏

点茶、分茶与斗茶

宋代，"客来敬茶"已经成为全社会的礼仪和风俗。在民间，"朔望茶水往来……亦睦邻之道者，不可不知"（《梦粱录》卷十八《民俗》）。茶成为南宋都城临安邻里之间礼尚往来的礼品，"遗献汤茶"成为睦邻友好的象征。在文人士大夫之间，燕会雅集更是少不了奉茶品茗、点茶以及与之相关的活动。

1. 点茶——碾细香尘起，烹新玉乳凝

所谓点茶，就是将碾细的茶末直接投入茶碗中，加适量水，用茶筅在碗中加以调和，然后注入沸水，开始冲点。传世宋画中有不少表现文人雅会点茶助兴的场景，南宋刘松年的《撵茶图》是其中最经典的。

《撵茶图》（见前文《饮茶小史》一节）用工笔白描形式描绘了宋代从磨茶到烹茶的具体过程、用具及点茶场面，见画面左侧。画面右侧还有三人，其中一位僧人正伏案执笔，传说是中国历史上著名的书法家怀素，他的侧面和对面各坐一人，似乎正在欣赏僧人的书法，是典型的文人之间的雅集场面。虽然主角是个僧人，但在宋代，儒释道兼容，文人士大夫往往视那些有极高文学及艺术修养的高僧为同道中人。

刘松年是杭州人，也是南宋画院画师，他创作的绘画以茶为主题的不在少数。除《撵茶图》外，还有《茗园赌市图》《斗茶图》《卢仝烹茶图》等，都反映了点茶、斗茶的真实场景，留下宝贵的南宋点茶图像资料。

在现实中点茶的程序异常复杂，除了图中表现的碾茶、煮水、点茶之外，还有茶饼炙烤、碾磨成粉、罗筛过筛等流程，在点茶前

宣化辽张世卿墓备茶图局部放大图

还得烘热茶盏、适量投茶,然后先用汤瓶注入少许温度合适的水调膏,然后开始点茶,边点汤(注水)边击拂(用茶筅轻搅茶汤使成细沫),如此多次,如宋徽宗就总结出击拂七次的"七汤点茶法"。

炙茶

斗茶多用团茶。存放一年以上的茶,香色味都陈化,需要先炙茶,即用时要先烘烤。炙茶时,先将茶饼放在干净的容器中用沸水浸泡,刮去外面的膏油,然后用铁圈固定,用微火烘烤炙干,然后碾碎。如果是当年的新茶则不用炙茶。

碾茶

先用干净的纸包裹茶饼,用槌敲碎,然后用碾轮将茶碾碎碾细。非常重要的一点是,茶饼碾碎后要马上研磨,这样才能保持茶色白。如果隔夜再碾磨,茶色就会变昏暗。茶碾材质以银质为最佳,熟铁次之,生铁由于没有经过捶磨淬炼,往往有黑屑藏在孔隙间,对茶色的伤害尤其大。碾槽要深而峻,碾轮要锐而薄,动作要快速而有力,时间不能太长,不然茶色会受损。有诗云:"何意苍龙解碎身,岂知幻相等微尘。莫言椎钝如幽冀，碎璧相如竟负秦。"

罗茶

罗的筛孔应细密，罗茶的标准是越细越好。"罗细则茶浮，罗粗则水浮。"绢制的罗面只有紧绷了，才会通透。将碾好的茶末过筛时动作要轻而平。未过筛的粗末要再碾、再罗，直到茶末精细。有诗云："新剪鹅溪样如月，中有琼糜落飞屑。何年解后紫霞仙，肘后亲传餐玉诀。"

候汤

即煮水，讲究三沸。候汤最难，水未烧开则茶末飘浮在水面，水烧得太过则茶末沉底。南宋罗大经在《鹤林玉露》中记载：他的好友李南金将候汤的功夫概括为四字，即"背二涉三"，也就是当水烧过二沸，刚到三沸之际，以这时的水点茶最佳，其有诗云："砌虫唧唧万蝉催，忽有千车捆载来。听得松风并涧水，急呼缥色绿瓷杯。"但罗大经认为，当在二、三沸之际提瓶离炉，稍作等候，等瓶中水的沸腾完全停止后迅速冲注。其有诗曰："松风桧雨到来初，急引铜瓶离竹炉。待得声闻俱寂后，一瓯春雪胜醍醐。"

烘盏

凡是点茶，必须先烘盏使之热。如果盏冷，茶就浮不起来。只有盏热时，茶的沫饽才能发立得久。

点茶

茶少汤多，则云脚散；汤少茶多，则粥面聚。先投茶，至于投茶量，差不多"一钱匕"，4—8克左右，然后用适量水调成膏状，同时用茶筅把茶膏调得像炼蜜融胶，谓之调膏。之后开始点茶。

"七汤点茶法"第一汤要沿茶盏的四周边上往里注入沸水，不要让水直接冲触到茶，注水要轻柔，同时用茶筅搅动茶膏，渐渐加力击拂。手轻筅重，手掌绕着手腕旋转，上下搅动要透彻。这时茶膏就像发面一样，逐渐膨胀，大大小小的泡沫疏星朗月般地零星闪现，点一盏好茶的基础就打下了。"疏星皎月，灿然而生，则茶之根本立矣。"

第二汤要从茶面上注入盏中，先细细地绕茶面注入一周，然后再急注急上，使茶面保持不动。击拂要有力，使茶色渐渐均匀散开，像珠玑一样有光泽。

第三汤注水后要多放置一会儿，然后再像前面一样击拂，贵在轻而匀，然后周环打旋几次，等到里外洞彻，浮沫渐渐泛起聚集，呈粟文蟹眼状，茶色便可达六七分。

第四汤放水要少，茶筅搅动要稍慢。茶面清真华彩，焕发着沫饽，仿佛笼罩着一层云雾。

第五汤注水可以稍快一些，茶筅要搅动得轻匀而透彻。如果茶还没有完全焕发，就用力击拂；如果已然焕发过头了，则轻拂茶面收敛稳定，使其保持峻霭凝雪般的茶色。

第六汤要观察茶汤沫饽结立情况，用茶筅轻轻环绕着慢慢拂动。

第七汤要分出轻清重浊，茶汤稀稠适中，即可停止拂动。

只见"乳雾汹涌，溢盏而起，周回旋而不动，谓之咬盏"，一盏好茶就点完了，就等着分茶了。

这时的主人和宾客们也许正沉浸在书画艺术中，也许耳畔琴声悠悠，也许几上琢瓷小炉正袅袅，小瓶斜插一枝梅。在他们眼里，飘浮在茶盏上的是"乳花"，是"玉乳"，是"雪涛"，是"雪花"，是"醍醐"，是"粟花"，既赏心悦目，又清芬馥郁。于是，主宾相敬，啜英咀华，其乐融融。

2. 分茶——矮纸斜行闲作草，晴窗细乳戏分茶

淳熙十三年（1186），时年六十二岁的陆游已在家乡绍兴赋闲了五年。这年春天，即将赴任严州知州一职的他奉诏入京，闲居湖边客栈听候召见时，写下一首脍炙人口的诗：

临安春雨初霁
世味年来薄似纱，谁令骑马客京华。
小楼一夜听春雨，深巷明朝卖杏花。
矮纸斜行闲作草，晴窗细乳戏分茶。
素衣莫起风尘叹，犹及清明可到家。

听春雨、闲作草、戏分茶，把诗人悠闲之中的无聊、郁闷，勾勒得栩栩如生。

诗中的"戏分茶"，是指点茶完成后，在白色沫饽上再创作各种文字、图案的玩法，颇像今天常见的咖啡拉花，是一种非常高超且高雅的点茶技艺，人称"分茶"，又称"茶百戏""水丹青""汤戏""茶山水"等，深受宋代文人们喜爱。苏轼、陆游、杨万里、李清照都是茶百戏的拥趸。

"分茶"一词最早见于唐代，"茶百戏"一词则到宋代才出现。《荈茗录》记载："近世有下汤运匕，别施妙诀，使汤纹水脉成物象者，禽兽虫鱼花草之属，纤巧如画。但须臾即就散灭。此茶之变也，时人谓之茶百戏。"比咖啡拉花更高明的是，点茶高手仅利用茶碗中的水脉，就可以创作出富有变化的文字或图案，不久后这些文字或图

案会消失，但通过特殊技法，在同一盏茶汤中又可以形成新的文字或图案，变幻无穷、魅力无限，可见宋人已将点茶玩出新的高度。

3. 斗茶——斗余味兮轻醍醐，斗余香兮薄兰芷

与点茶、分茶联系在一起的，往往还有斗茶。宋代的人们喜欢聚在一起比试点茶的技巧，叫作"斗茶"。"斗茶"有浓厚的竞技色彩，最早运用于贡茶的选送和市场价格品位的竞争。一个"斗"字，已经概括了这种活动的激烈程度，因而"斗茶"也被称为"茗战"。

斗茶最早运用于贡茶的评选。往往在春季举行评茶会，即斗茶会，通过斗茶获胜，可获得生产贡茶的机会，也就是说"斗"出来的上品便是贡茶。斗茶之风日盛，制茶之工益精，贡茶名品亦随之大增。各种名目翻新的龙凤团茶，仅设于福建建瓯的北苑贡茶院，品目就达50余种。如此众多的贡茶供皇帝御用，其实都是实物赋税，使茶农不堪负担，"下民疾苦中，惟茶盐法最苦"。

著名的宋画《斗茶图》，描绘了当时民间的斗茶场景。画中六位身着微短装的斗茶者，每人各持一套茶器，有的提瓶有的端盏，动态各异，神态逼真。此图反映的是南宋临安城内沿街叫卖点茶的卖浆者斗茶、品茶的场景。

宋代文人对于斗茶也是趋之若鹜。文人之间的斗茶是一种纯粹消遣时光的游戏。嗜茶的文人往往与三五知己相约，选一处花木扶疏、清静雅致之所，各自取出珍藏茶品，轮流品评，以分高下。宋人唐庚在被贬惠州时写下一篇《斗茶记》，表明自己随性而适、豁达乐观的心态，该文因总结出品茶在于"茶不问团铤，要之贵新；水不问江井，要之贵活"，为历代茶人所重视。

斗茶的标准，一是看茶汤的色泽和均匀程度，以汤花色泽鲜白、均匀为佳；二是看盏内沿与汤茶相接处有无水痕，以汤花保持时间较

第三章 点茶：雪沫乳花浮午盏

南宋 刘松年 《斗茶图》（局部）

长、贴紧盏沿不退为胜，宋徽宗曾形象描述为"乳雾汹涌，溢盏而起，周回凝而不动，谓之咬盏"。而如果汤花涣散，先出现水痕则为败，谓之"云脚乱"。

两条标准以第二条为最重要，谁的茶盏先露出水痕便叫输了"一水"。

苏轼《天际乌云贴》记："杭州营籍周韶，多蓄奇茗，尝与君谟斗，胜之。"据苏轼爆料，作为宋朝茶圣的蔡襄在杭州任知州时，曾与杭州官妓周韶斗茶，结果因对手所藏的茶奇而败，真是天外有天、山外有山啊。而此前，蔡襄与苏舜元斗茶时，也因为对方出奇制胜地用竹沥水泡茶而胜出，说明斗茶，水的品质很重要，而这往往被人们忽视。

除了分茶、斗茶，从唐代传下来的"漏影春"玩茶艺术仍然受到宋人喜爱。宋代陶穀《清异录》中详细地记录了这种做法："漏影春法，用镂纸贴盏，糁茶而去纸，伪为花身。别以荔肉为叶，松实、鸭脚之类珍物为蕊，沸汤点搅。"相对于此，"分茶"和"斗茶"则是一种末茶冲点艺术。

茶书、茶诗与茶画

宋代文人士大夫对茶文化的介入、对茶学的研究，还体现在他们创作的大量茶诗中，包括绘制的宋画中，为中华茶文化留下了宝贵的精神遗产。宋人对茶学的研究是非常深入的，既有观察的心得，也有实践的真知。在宋代，几乎所有的诗人都写过咏茶的诗词，而在传世的宋画中，有关茶事题材的内容也不少。

1. 研究精微之茶书

宋代对茶进行研究的人才，以及研究层次都很丰富，研究内容包括茶叶产地的比较、烹茶技艺、茶叶形制、原料与成茶的关系、饮茶器具、斗茶过程及欣赏、茶叶品评、北苑贡茶名实等。

在宋代茶叶传世作品中，比较著名的有陶穀《荈茗录》，叶清臣的《述煮茶小品》，丁谓的《北苑茶录》，蔡襄的《茶录》（欧阳修撰有《茶录后序》），宋子安的《东溪试茶录》，沈括的《本朝茶法》，黄儒的《品茶要录》，唐庚的《斗茶记》，熊蕃的《宣和北苑贡茶录》，赵汝砺的《北苑别录》，赵佶的《大观茶论》等。

陶穀《荈茗录》为后人将《清异录》中"茗荈门"单独辑出而成的茶书（除去第一条，即苏廙《十六汤品》）。多为后代茶书引用。

叶清臣《述煮茶小品》则谈饮茶之趣，茶叶之质，泉品之别。

黄儒《品茶要录》主要叙述了建茶采制的方式，尤其是对茶叶品质及造成品质下降的原因作了切中要害的剖析。

熊蕃《宣和北苑贡茶录》主要是作者于宣和年间亲赴现场了解贡品团茶生产情况后，记录福建建安东部凤凰山麓宋代御茶园北苑制造贡品团茶的情况。书后附有其子熊克增补的内容与后记。

第三章 点茶：雪沫乳花浮午盏

赵汝砺《北苑别录》为《宣和北苑贡茶录》的续集，对北苑贡茶的等级十二纲及每纲名目都有详细记载。

宋子安《东溪试茶录》对丁谓《北苑茶录》及蔡襄《茶录》作了补遗，对福建建安北苑的地理情况及茶树生长情况进行了详细介绍。

这些著作中内容丰富、最具有指导意义的当数蔡襄的《茶录》和宋徽宗赵佶的《大观茶论》。

《茶录》是继唐代《茶经》之后最重要的茶学专著之一，作者为"宋四家"之一的大书法家蔡襄。他有感于"《茶经》不第建安之品"，"丁谓茶图独论采造之本"，而特地向宋仁宗推荐北苑贡茶，得到宋仁宗青睐。

全书分为上下两篇，主要论述如何品鉴茶以及烹茶方法和所用器具，比较集中地反映了宋人品茶的技艺和审美特征。上篇论茶。主要论述茶之色、香、味，藏茶、炙茶、碾茶、罗茶、候汤、熁盏和点茶。论述茶色时，蔡襄称："茶色贵白，而饼茶多以珍膏油其面，故有青、黄、紫、黑之异。"论述茶香时，蔡襄说："茶有真香，而入贡者，微以龙脑和膏，欲助其香。建安民间试茶，皆不入香，恐夺其真。"论述茶味时，蔡襄称："茶味主于甘滑，惟北苑、凤凰山连属诸焙所产者味佳，隔溪诸山虽及时加意制作，色味皆重，莫能及也；又有水泉不甘，能损茶味，前世之论水品者以此。"说明茶味与产地、水土、环境等有密切关系。在论述藏茶时，蔡襄说："茶宜蒻叶，而畏香药。"就是说，贮藏茶叶要讲究茶器和方法，否则，茶叶会吸收"异味"而变质，不能保持本色和原味。在下篇论茶器中，主要论述茶焙、茶笼、砧椎、茶钤、茶碾、茶罗、茶盏、茶匙和汤瓶。

《茶录》是中国传统茶艺形成的标志，书中提出了点茶质量优劣的评判标准，"茶色贵白""一水""二水"等指标，时至今日仍是宋式"点茶"比赛的评比标准。

蔡襄于1047年赴任福建转运使，负责监制北苑贡茶，所创制的"小龙团"闻名于世。同时由于蔡襄书法家的身份，还凭借着他的书法，于治平元年（1064）将《茶录》的内容勒石以传后世。而值得一提的是，蔡襄于1065年以端明殿学士知杭州，此时《茶录》已经广为流传，点茶法在杭州也得到普及。

《大观茶论》——中国古代唯一一本由皇帝撰写的茶书。全书共20篇，约3000字，对北宋时期蒸青团茶的产地、采制、烹试、品质、斗茶风尚等均有详细记述。

《大观茶论》有地产、天时、采择、蒸压、制造、鉴辨、白茶、罗碾、盏、筅、瓶、杓、水、点、味、香、色、藏焙、品名和外焙二十篇。对茶叶的栽培、采制、品鉴，烹茶的水、具、火到色、香、味，以及点茶之法、藏焙之要，该书都一一作了记述，至今尚有借鉴和研究价值。

其中"点茶"一篇尤为精彩，详细记录了"点茶法"的细节和精髓，见解精辟，论述深刻。点茶讲究力的大小、力和用具的配合使用，宋徽宗将自创的"七汤点茶法"，即点茶流程七步骤，有条不紊地记录了下来，对点茶时手指、手腕用力及工具的运用等亦进行了生动的描述，对今天的人们仍然具有非同一般的指导意义。由此也可看出徽宗对茶文化的热爱是发自内心的，所具备的茶知识和点茶技艺也是极其高超的。

2. "从来佳茗似佳人"之茶诗

在理性的研究基础上，宋人又以感性的诗人气质，把茶事与生活紧紧联系在一起。茶文化活动成为"南宋四雅"中重要和极受欢迎的内容。据不完全统计，宋代茶诗作者 260 余人，现存茶诗逾 1200 首，足以说明问题。诗人实在太多，且选择两位最具代表性的吧。

苏东坡

说到茶诗，不得不提大名鼎鼎的苏轼，尤其他两次仕杭期间写下的诸多茶诗名篇。

> 次韵曹辅寄壑源试焙新芽
>
> 仙山灵草湿行云，洗遍香肌粉未匀。
> 明月来投玉川子，清风吹破武林春。
> 要知冰雪心肠好，不是膏油首面新。
> 戏作小诗君一笑，从来佳茗似佳人。

这首被后人称为最美茶诗的和诗，作于苏轼第二次来杭的元祐五年（1090）。远在福建的转运使曹辅，给好友苏轼寄来壑源产龙凤团茶新茶，并附上一首七律，惜未曾传下来。苏轼在品尝新茗后有感而发，并和诗，一句"从来佳茗似佳人"成为茶诗绝唱，千年不朽。

> 白云茶
>
> 白云峰下两枪新，腻绿长鲜谷雨春。
> 静试恰如湖上雪，对尝兼忆剡中人。
> 瓶悬金粉师应有，箸点琼花我自珍。
> 清话几时搔首后，愿和松色劝三巡。

> 怡然以垂云新茶见饷报以大龙团仍戏作小诗
>
> 妙供来香积，珍烹具大官。
> 拣芽分雀舌，赐名出龙团。

晓日云庵暖，春风浴殿寒。

聊将试道眼，莫作两般看。

宋时西湖山中产宝云茶、香林茶、白云茶及垂云茶（吴自牧《梦粱录》），虽也曾作为贡茶，但属于草茶，可能很多时候以芽茶直接磨制茶末，行点茶法，制法与当时十分流行的建茶团茶不太相同，因此知名度不高。但西湖山中因清绝的自然环境，所产之茶清芬馥郁，颇得东坡之心，故写诗文为之振名。

试院煎茶

蟹眼已过鱼眼生，飕飕欲作松风鸣。

蒙茸出磨细珠落，眩转绕瓯飞雪轻。

银瓶泻汤夸第二，未识古人煎水意。

君不见昔时李生好客手自煎，贵从活火发新泉。

又不见今时潞公煎茶学西蜀，定州花瓷琢红玉。

我今贫病常苦饥，分无玉碗捧峨眉。

且学公家作茗饮，砖炉石铫行相随。

不用撑肠挂腹文字五千卷，但愿一瓯常及睡足日高时。

此诗作于熙宁五年（1072），为苏轼第一次来杭任通判时所作。那天他在试院监考后，记录下烹茶经过。此诗道出茶与火、与水的关系，似乎有一种冥冥之中的人生反思。

望江南·超然台作

春未老，风细柳斜斜。试上超然台上看，半壕春水一城花。烟雨暗千家。

寒食后，酒醒却咨嗟。休对故人思故国，且将新火试新茶。诗酒趁年华。

此词是苏轼第一次离开杭州，移守密州时所作。在超然台上南望的苏轼，应该是仍然心心念念牵挂着杭州、牵挂着西湖吧。年华易逝，用酒解不了的，用茶试试吧。

陆放翁

另一位重要人物是多产作家、南宋诗人陆游，他存世作品中涉及茶的诗有200多首，为历代诗人之冠。

老学庵北窗杂书（之一）

小龙团与长鹰爪，桑苎玉川俱未知。
自置风炉北窗下，勒回睡思赋新诗。

登北榭

绕城山作翠涛倾，底事文书日有程。
无酒我为挥吏散，独登楼去看云生。
香浮鼻观煎茶熟，喜动眉间炼句成。
莫笑衰翁淡生活，他年犹得配玄英。

以上两首诗写出了诗、茶乃至香融为一体的创作境界。

3. 所得之妙之茶画

其实，宋人"四雅"最初就是围绕茶主题展开的，人们在品茗时，会在周围悬挂《茶经》或与茶文化相关的诗文，以增强理解和营造氛围。后来这些诗文内容扩展到茶主题的绘画，最后又演变成了广泛意义上的绘画。

宋代由于皇室、宫廷大力倡导和文人雅士身体力行，茶文化变得更富审美情趣和艺术性，如宋徽宗赵佶甚至经常在宫廷茶宴上亲手煮汤击缶，用茶赏赐群臣。茶文化内容在宋徽宗《文会图》、刘松年《撵茶图》等国画作品中体现得淋漓尽致。

《山庄图卷》（宋代·李公麟）

李公麟（1049—1106），北宋著名画家，字伯时，号龙眠居士，庐州舒城（今安徽桐城）人。元符三年（1100）因病归老龙眠山，专心作画，擅画山水人物。此图绘于熙宁十年（1077），描绘作者与文人、僧侣们游于故里龙眠山，谈书论道、品茗雅集的情景。山庄内幽谷奇岩、飞泉瀑布，文人雅士或赏景、或休憩、或清谈，侍童数人，有的烹泉煮茶，有的持茶托，上置茶盏，正准备奉茶，有的在准备佳肴待客。因为是野外点茶，所以茶具皆属便于携带的器皿，如烧煮开水的风炉带担梁，可以提挈，方形风炉上置长流茶瓶。画上的方形茶炉、茶盏、茶托和方形都篮都是宋代常见的形制。

《文会图》（宋代·赵佶）

赵佶，宋神宗赵顼第十一子，继承皇位后，治国无能，却擅长书画艺术。他一生爱茶，嗜茶成癖，常在宫廷以茶宴请群臣、文人，有时还亲自动手烹茗、斗茶取乐。

《文会图》描绘宋代文人雅集的盛大场面——曲水流觞，树影婆娑，在一个豪华庭院中设一大方桌，文士环桌而坐，正进行着茶会。桌上有各种精美茶具酒皿和珍馐异果，九文士围坐其旁，神态各异；侍者们有的端捧杯盘、往来其间，有的在炭火桌边忙于温酒、备茶。

图上烹茶场景，三童子备茶，其中一人于茶桌旁，左手持黑漆茶托，上托建窑茶盏，右手执匙正从罐内舀茶末，准备点茶，另一人则侧立于茶炉旁，炉火正炽，上置茶瓶，茶炉前方另置都篮等茶器，都篮分上下两层，内藏茶盏等。此图是目前展示宋代茶器最多的画作。

第三章 点茶：雪沫乳花浮午盏

《风檐展卷》（宋代·赵伯骕）

赵伯骕，南宋画家，宋太祖七世孙，善画山水人物，尤精于花鸟、界画。此画园林屋室，苍松翠竹，湖石点缀其间，敞轩内一文士坐在几榻上，仪态悠闲，旁边仕女二人凭轩而立。庭前曲栏，二童相互交谈，白衣侍童手托茶盘，上置黑漆茶托、茗瓯以及茶瓶，朝向屋内行来。画中宋人生活样式于此呈现无遗。

《文会图》（宋代·无款）

此画无款印，旧传为宋人所绘。以桌上所摆设的青瓷、白瓷饮食器而言，应该为宋代风尚，尤其黑漆茶托及青瓷茶碗，更为宋代点茶常用的茶具。宋代斗茶为衬托茶色，大多使用黑釉茶盏，但一般点茶用青瓷也较普遍，宋人诗词中也不乏描述青瓷的佳句。

《撵茶图》（宋代·刘松年）

刘松年，南宋钱塘（今属杭州）人，居清波门，俗呼为暗门刘。工人物、山水，与李唐、马远、夏圭并称"南宋四家"。此画为工笔画法，描绘的场景为小型文人雅集，也描绘了宋代从磨茶到烹点的具体过程和场面。一切显得安静有序，是贵族官宦之家品茶的场面，反映出宋代茶事的精细和奢华。图之详情见前文。

《茗园赌市图》（宋代·刘松年）

此画系《斗茶图》的姐妹篇。人物仍是几个茶贩，场景则是在茶市内较斗。四茶贩伫立图中央，或提壶斟茶、或举杯啜茗、或品尝回味，左旁一老者拎壶路过，右边一挑担卖"上等江茶"者驻足观斗；其右有一妇人拎壶并领儿童边看边走。此图真实记录了南宋茶市，尤其对流动茶贩之衣着、随身装备做了细致描绘，是珍贵的艺术画卷，亦是研究宋代茶事的宝贵资料。

点茶用具

点茶法也影响了宋人的饮用茶具。由于宋代茶色沫饽尚白,为了取得较大的反差、显示茶色,建窑出产的黑釉盏成为新宠。同时也带动了茶具、茶艺的发展,江西景德镇的青白瓷、福建建州的黑瓷、浙江龙泉的青瓷茶具都精美绝伦。建州的兔毫黑釉盏(即天目茶碗)十分流行,还流传至日本,被视为国宝珍品。以文人士大夫为主体的茶人参与到茶器的设计中,并充分考量器具的功能性,如宋徽宗在《大观茶论》中提及茶盏"贵青黑",即是为了展现白色的茶汤,茶盏壁厚则利于保温,底深微宽是利于取乳、运筅等。建窑黑釉茶盏、龙泉窑斗笠茶盏,均遵循"用物宜人"的原则。

审安老人与《茶具图赞》

审安老人真名茅一相,别号审安老人,他对宋代典型茶具做了详细的分类,予茶具以官爵、别号,并作诗对茶具进行吟咏,还配上线描的十二件茶具图,反映出宋代文人对茶具的喜爱之情,也为人们了解宋代的典型茶具提供了重要依据。

韦鸿胪

即茶焙笼,以竹编制而成。竹编四方有洞眼,所以称之为"四窗闲叟",其最主要的作用是焙茶。因宋代饮用的是团饼茶,饼茶加工成型后需存放在干燥的地方以免霉变,宋人于是想到以竹编茶焙笼来烘焙茶饼、存放饼茶。审安老人在诗赞中也明确指出它的用途,"乃若不使山谷之英堕于涂炭,子与有力矣"。

木待制

即茶槌,用以敲击饼茶,也以木制成,审安老人又呼之为"隔竹居人",以拟人化的手法赞其"禀性刚直,摧折强梗,使随方逐圆

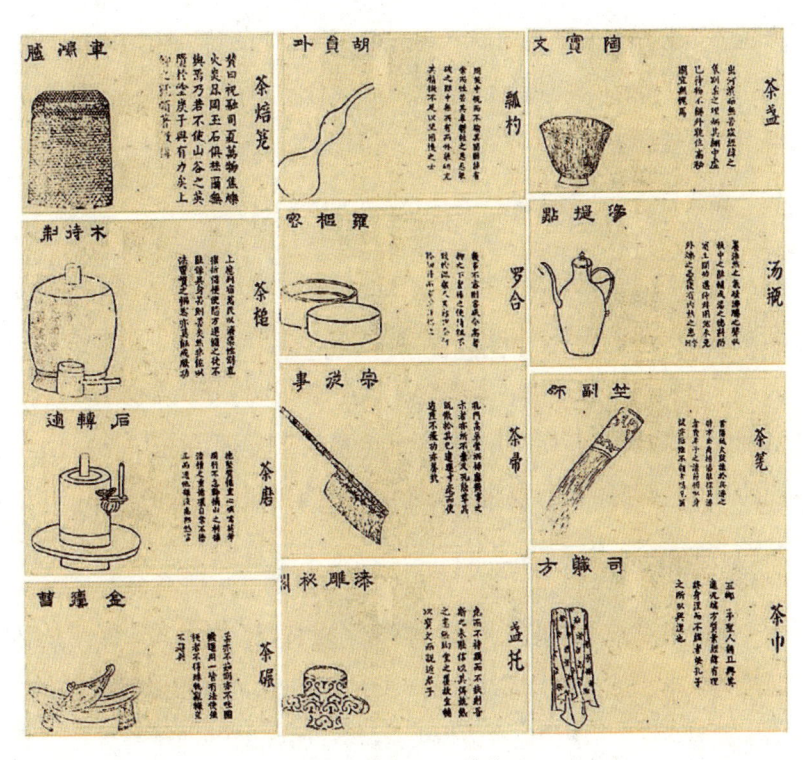

《茶具图赞》十二茶具图

之徒，不能保其身"。最后不忘提到其与金法曹、罗枢密配合使用，才能更好发挥功用。

金法曹

即茶碾，以金属制成，冠以"法曹"之官名，作用是将敲碎的饼茶碾成茶末。唐代已有茶碾，制作材料不一，可以用石、金、银、木等各种材料。宋代沿袭唐代的碾茶法，却更为讲究。

石转运

即茶磨，以石头制成，作用是把饼茶碾碎成粉末状。因在碾末过程中茶香四溢，所以有雅称"香屋隐君"。茶磨有大、小之分，小茶磨适合个人使用；大茶磨则利用水力等机械装置运作，基本上由官方置办。苏辙在其任期内因水磨茶影响到当地百姓的生活,曾上书"……然以水磨供给京城内外食茶等,其水只得五日闭断……乞废罢官磨,任民磨茶。"

胡员外

即瓢杓,用以舀水,配以诗意的名称"贮月仙翁"。因为宋代文人喜欢取江水烹茶,如苏东坡就有《汲江煎茶》诗:"活水还须活火烹,自临钓石取深清。大瓢贮月归春瓮,小杓分江入夜瓶。雪乳已翻煎处脚,松风忽作泻时声。枯肠未易禁三碗,坐听荒城长短更。"说的是月色朦胧中用大瓢将江水取来,当夜用活火烹饮的场景。

罗枢密

即罗合,被审安老人冠以"枢密"之官职,可见其重要性。用途是筛茶末。茶饼被碾成茶末后,要过罗筛选,"罗欲细而面紧,则绢不泥而常透"。唐代以煮茶为主,对茶末的粗细不是十分讲究,而宋代则崇尚点茶、斗茶,对茶末的要求极高,如果想在斗茶中取得优势,罗茶是关键的一步。

宗从事

即茶刷,多用棕丝制作,"宗""棕"同音。以"从事"官职名之,十分贴切,因其用途是刷茶末。饼茶用茶碾碾成茶末,经罗合筛选后,可用茶刷扫起,集中存放于茶盒中。

漆雕秘阁

即盏托,以"秘阁"名之。其用途是承托茶盏,防止茶盏烫指。

陶宝文

即茶盏,审安老人在这里所指的是黑釉茶盏,说它名"去越",

字"自厚",号"兔园上客"。"去越"已标明出产茶盏的地点福建,离越不远,"自厚"两字指出茶盏器壁很厚,这也符合黑釉茶盏的特点;"兔园上客"更是明确指黑釉兔毫盏。

汤提点

汤提点即汤瓶,其主要用途是注汤点茶。汤瓶是点茶必不可少的茶具。晚唐、五代时期,点茶开始出现,汤瓶应运而生。汤瓶的制作也很讲究,黄金制作的汤瓶是皇室及上层人物使用的茶具,一般的士人或民间斗试茶品则用陶瓷汤瓶。宋代出土的茶具中,尤其是越窑、龙泉窑以及景德镇白瓷中,汤瓶更是大量出现。其基本特征为管状流比唐时长出3—4倍,这是因为汤瓶的长流有助于点茶注汤。

竺副帅

即茶筅。姓"竺",与"竹"同音,表示它是竹制的。斗茶中茶筅的功用也不可忽略。因控制汤花必须用茶筅配合,且茶筅在使用过程中也很讲究,《大观茶论》中提到"用筅以箸竹老者为之,身欲厚重,筅欲疏劲,本欲壮而末必眇,当如剑脊之状"。因竹制茶筅较难保存,故宋墓发掘出土的器物也鲜有茶筅出现。

宋陆信忠《十六罗汉图》局部放大,可见桌面放置有茶筅和玳瑁盖盒,茶筅形制很清晰,与刘松年《撵茶图》中的茶筅几乎一样,依稀可以看出这柄茶筅有斑点状的金属纹饰,可能是和玳瑁盒成套的茶具。

司职方

姓"司",与"丝"同音,表示它是丝织的。"司职方"即茶巾。在点茶过程中,保持清洁卫生很重要,我国古人历来重视清洁,茶本洁净之物，所以在煮茶、点茶时茶巾是必不可少的。

审安老人作《茶具图赞》列"茶具十二先生姓名字号"，附图及赞语，以朝廷职官命名茶具，赋予茶具一定的文化内涵，而赞语更反映出儒、道两家待人接物、为人处世之理。

北宋·蓝田吕氏家族墓出土茶具一组
陕西蓝田吕氏家族墓出土
陕西省考古研究院藏

北宋·青釉筒形盒

通高 5.8 厘米，盖高 1.2 厘米，子口径 6.2 厘米，底径 6.2 厘米

盖为平底，直立沿。盒身为子口，深直腹，平底。器体施青釉，釉色青灰较淡，釉面润亮，有小气泡。胎质坚硬细密，露胎处表面呈浅灰白色。该器物可作为盛装茶叶或茶粉的容器。

北宋·骊山石茶铫

通高 11.8 厘米，口沿径 15.8 厘米，圈足外径 10.5 厘米，流长 5.3 厘米

直口微敛，方唇，深弧腹，平底，圈足，上腹一侧置管状短流。青灰色石，质地疏松。器表抛光，内壁可见较多凿痕。

北宋·骊山石茶壶

通高 11.5 厘米，口沿径 5.8 厘米，圈足外径 6.0 厘米，流长 4.0 厘米

敛口，垂腹，小平底，腹一侧半环状执手，另侧置管状短斜流。青灰色石，质地疏松。器表抛光，外壁阴刻十瓣瓜棱纹。

北宋·骊山石茶碾

通高 9.8 厘米，长 27.2 厘米，宽 6.0 厘米，腹深 3.4 厘米，足高 7.3 厘米

船状，两端翘起，中间下凹为碾槽，腹底两端各置半圆形高足一个。青灰色石，质地疏松。表面抛光。

北宋·黑釉鹧鸪斑纹盏

通高 3.6 厘米，口沿径 13.6 厘米，足径 4.1 厘米

侈口，尖唇，斜直腹，小圆底，圈足。内、外壁施黑釉，釉面明亮，黑釉上散布酱红或银灰色结晶斑。浅灰色胎，胎质坚硬略粗。

北宋·铜茶匙

通长 22.1 厘米，勺长 6.2 厘米，宽 2.9 厘米，柄长 16.4 厘米

勺呈卵圆形，腹稍深，细长条形曲柄，柄前部为细圆柱状，后部渐呈片状，中间有脊棱，末端呈等腰三角形。

北宋·带盖铁茶鼎

通高28.3厘米，鼎口径不详，腹径不详

铁质，伞盖状，居中为环形小纽。鼎身为侈口，尖唇，鼓腹下垂，圜底，下置三扁条形长足，沿上对立双环耳。盖顶及外腹壁饰有弦纹三周。

北宋·带盖铁执瓶

通高26.8厘米，壶口径7.8厘米，腹径13.8厘米，足径7.0厘米

铁质，伞盖状，正中为宝珠纽。壶身为敞口，高束颈，丰肩，深腹，平底。肩侧出细管状曲流，对面焊扁条形"耳"状执手。执手下錾"官十五"三字。盖沿、执手顶皆置环扣，原有系绳相连。

北宋·铜渣斗与钵一套

通高 13.9 厘米，渣斗高 11.3 厘米，沿径 19.4 厘米，底径 7.5 厘米，钵高 4.2 厘米，口沿径 13.3 厘米

渣斗：大侈口，盘形宽折沿，束颈，圆腹，平底。口、颈、内壁有茶汤倾入留渍 9 道，内底及腹壁粘贴散茶叶片 10 余枚，外底见清晰布纹。

钵：直口微敛，弧腹，平底。内壁腹、底相交处附着茶叶遗痕。

银渣斗

高 9.2 厘米，口径 10.4 厘米，底径 4.9 厘米

银质，口部平折成大浅盘，束颈，小圆腹，平底。盘与壶身在颈部可分离。此器应为盛漱口水、废茶水及茶渣等的清洁用具。

143

北宋·耀州窑上青釉菊瓣盏下黑釉盏托一套

通高 10.6 厘米，盏高 5.0 厘米，口沿径 11.0 厘米，托口沿径 5.5 厘米，底径 4.0 厘米

青釉印花团菊纹盏：侈口，圆唇，斜弧腹，小圈足。釉色青灰，釉面透亮、气泡密集。足底露胎处表面呈土黄色。内外壁以剔刻技法划简笔的放射形直线来表现菊瓣纹。

黑釉托盏：中空，敛口，圆唇，高弧颈，颈下出圆形托盘，下置高圈足。黑釉透亮，釉面有银灰色结晶斑。足底露胎处表面呈灰白色。

北宋·青釉刻花牡丹纹渣斗

通高 9.0 厘米，口沿径 20.9 厘米，圈足径 5.8 厘米

敛口，宽斜沿，束颈，鼓腹，圈足。通体施青釉，釉色青绿，釉层较厚，釉面光亮多棕眼。灰胎，胎质坚硬细密。内壁刻划折枝牡丹纹，外壁刻划折扇纹与双重莲瓣纹，内足墙、外底粘砂较多。

南宋·邵武市黄涣墓出土茶具一组
1998年福建邵武市黄涣墓出土
福建博物院藏

银茶末瓶

高13.8厘米，口径3.7厘米，底径4.6厘米

银质，直口，短颈，鼓腹下收。宋时，贮茶末的器皿除了茶盒外，还有茶末罐（瓶）。这类小巧的罐（瓶）子应有盖子或塞子，以隔绝空气，保持茶末干燥，可惜此瓶盖未能保存下来。

银茶匙与茶碟

长柄匙长23.4厘米，短柄匙长11.8厘米

蔡襄《茶录》下篇"论茶器"中有"茶匙"条："茶匙要重，击拂有力。黄金为上，人间以银铁为之。竹者轻，建茶不取。"长柄匙匙面细长，长柄弯曲，可能更适合于蔡襄所说的点茶时"击拂茶汤"。而短柄匙柄直而匙面圆，适用于从茶末瓶或茶末盒中取茶末。另有一件银茶碟，近似椭圆形，浅腹，圆底，作用类似"茶则"。此件茶则可与茶匙配合使用，也可单独使用，用以计量和暂时盛放取出的茶末。

银茶笼

高 9.5 厘米，长 10 厘米

银质，细丝编制而成。双层方盒，子母口扣合，表面为六角形镂空图案。宋代蔡襄《茶录》中有"茶笼"一说，"茶不入焙者宜密封，裹以蒻笼盛之，置高处，不近湿气"。
此件茶笼的材质、大小和制作方法，均与法门寺地宫发现的茶笼相似，推测应同为盛放茶饼的茶笼，是迄今所见唯一出土的宋代茶笼。

银茶末盒

高 8.8 厘米，口径 12.1 厘米，底径 7.4 厘米

银质，圆腹平底。盒盖为倒扣的荷叶形状，以茎作钮，盖沿下折与器身扣合。
宋人饮用的茶，是先做成茶饼，再经过炙烤、碾磨、细筛，最终成为粉末状，即茶末。这种茶末，平时装在茶盒或茶罐（瓶）中，饮用时，用茶匙取出，放入烘烫过的盏中，注入少量沸水，搅拌成膏糊状，再分次加入沸水，同时用茶筅快速击打茶汤，使汤面达到色泽鲜白、乳雾汹涌的效果。

镶银扣漆托盏

高 5.4 厘米，口径 10.4 厘米

盏托呈圆盘形，圈足外撇，中间有一圆形托圈，中空，以承茶盏。口沿镶银扣，内外壁施放射状金彩，盏托口沿与底足同样镶以银扣，为一件精美的茶具。
在六朝墓葬中已有青瓷盏托出土，唐以后有漆、金银、瓷等材料制作的盏托出现，在河南白沙宋墓、南宋审安老人《茶具图赞》中可见宋代漆质茶具的图像。

漆茶盘

长 34.2 厘米，宽 20 厘米

木胎，髹黑漆，长方形，用于盛放托盏、茶盏。

银茶匙

残长 15.7 厘米

银质，柄作长条状，略呈扁方形，中间厚，两边薄，匙面略平。通体素面。为点茶时打拂茶花、搅拌之器，通常也用于勺取茶末。

银瓶

高14.4厘米,口径5.8厘米,底径5.2厘米

银质,直口,长颈,长腹,圈足外撇。墓中同时出土有银茶匙与银茶则,此瓶从形制看,应为放置此类银制饮茶工具所用。

镶银扣描金漆盏

高5.4厘米,口径10.4厘米,底径3.4厘米

束口,深弧形腹,小圈足,造型和漆色模仿建窑兔毫盏。盏内外在黑色漆面上以细毫笔描绘出金兔毫的效果,盏外近圈足处不上漆,呈黑色,盏口沿镶嵌银边。此盏应作为茶具,与该墓葬中镶银扣漆托盏配套使用。

宋·金华市陶朱路村宋墓出土茶具一组
2004年金华市陶朱路村宋墓出土
金华博物馆藏

镶银扣黑釉盏

高4.5厘米，口径12.67厘米

敞口，折沿，斜直壁，呈斗笠形。浅圈足。口沿镶银边。釉层乌黑，施釉不及底。

葵口镶金扣料质盏托

高约1厘米，直径4.7厘米

料器。葵形六瓣式。折沿，镶金扣。浅腹，圆底。内壁浅弧形，中心部呈凹圆形，与茶盏底圈足相吻合，是承载茶杯的主要器具。

银质贮茶罐

高7.5厘米，腹径5.4厘米，底径2.5厘米

罐体直口丰肩，深腹，平底，有盖，器盖中隆。贮藏茶叶器，可贮茶50克。此罐设计利用了空心压力，通过推压可起到真空排潮的作用，具有一定的密封度。

葵口盘式铜托盏

盏高 6.7 厘米，口径 14.5 厘米
托高 3.4 厘米，口径 24.5 厘米，底径 15.5 厘米

铜质，三件成组。托垫作盘状，葵口，折沿，平底，圈足略外撇，内壁浅弧腹。盏直口卷唇。

宋时饮茶方法众多，传统的一种方式是加入葱、姜、盐等辅佐材料，并因人而异调节口味。托盏可用来调茶，同时又可盛煎煮的茶汤和饮浆等。

银茶则

残长 10.6 厘米，勺径 7 厘米

银质，把残。呈勺状，勺体圆形。素面。是控制茶量的器皿，同时又可作置茶分样用。

醝簋瓷瓶

高 15.5 厘米，口径 5.7 厘米，腹径 11.1 厘米，底径 6.4 厘米

直口，短颈，溜肩。上腹圆鼓，下部骤收，平底。腹部饰凸凹弦纹。褐胎，外均施满青褐釉，釉层较薄，施釉不及底。为婺州窑产品。此件醝簋瓷瓶为茶道中盛装盐的器皿，是陆羽所列25种茶具之一。

金代·昔阳县松溪路宋金墓出土茶具一组
山西昔阳县松溪路宋金墓出土

砂釜

高 13 厘米，口径 14 厘米，最大腹径 20 厘米

敛口，扁鼓腹，圜底。对称饰一对长方形錾。使用痕迹明显，下腹及底部有长期高温烧烤后形成的烟垢及类釉状结晶层。

黑釉盏

高 5.9 厘米，口径 12.7 厘米，底径 4.2 厘米

腹部较深，圈足小，足底部外沿斜削，足心有浅乳突。外壁釉面磨损较严重，下腹部有套烧时留下的粘釉痕。

黑釉盖盒

高 7.5 厘米，盖外径 7.6 厘米，
盒口径 6.7 厘米，底径 5.7 厘米

盖面微拱近平，母口。盒身子母口，直壁，下部斜折，环形圈足。盖沿与盒身近口部分别贴饰一粒小圆饼，圆饼位置相对时，盒盖恰恰扣紧。黄白胎，稍粗。外壁黑釉，盒内施透明釉，盖内无釉。

黑釉执壶

通高 14.8 厘米，口径 4.2 厘米，底径 8.2 厘米

伞盖形盖，乳钉钮。壶身平口，长颈，圆肩，直腹略内收，假圈足，挖足浅。细管状流竖直前弯，条带形执柄。浅黄白胎，稍粗。外壁满釉，足底一周刮釉。釉面光亮，局部因窑变呈青灰色，釉薄处呈浅黄褐色。壶身自上而下饰有沥粉装饰的凸线条纹，执柄模印有卷草纹。壶身分上下两部分拉坯成形后釉接，出土时自肩部拉坯拼接处断裂，断面可见渗入的黑釉。

长曲柄铜匙
通长 22.4 厘米，匙宽 2.7 厘米
铜质，叶片状匙面，长曲柄，截面呈圆形，尾端扁平，呈鹊尾状。

铜箸
长 21.7 厘米
铜质，长条形，截面呈六边形，前细后宽。

短柄铜匙
通长 9.7 厘米，匙宽 2.7 厘米
铜质，椭圆形匙面，略下凹，扁平状短柄。

第四章

挂画：挂画烧香书满前

第四章
挂画：挂画烧香书满前

宋代是我国绘画全面发展的时期，人物、山水、花鸟各科都涌现出新的流派，名家高手灿若群星。艺术流派形成了彪炳画史的两大体系，即宋代画院树立的"院体画"和苏轼、米芾等创兴的"文人画"，对后世影响深远。而进入南宋，"院体画"也发生很大变化，代表人物李、刘、马、夏等，创造了很多新的艺术表现手法，在美术史上占有极其重要的地位。

挂画，一开始特指挂于茶会座位旁的关于茶的相关画作，以茶事为表现内容，后来题材越来越广泛，包含诗词手稿、山川湖泽、人物花鸟画等。诗言志，画言情，观卷轴之上的画作，观的是作者的心境，显现的是观者的品位。

张画小史

宋代是中国画发展的高峰时期,朝廷对书画艺术极为重视,无论是山水、人物还是花鸟都得到了全面的发展,宋人日常生活中兴起"挂画"的雅事,足见绘画艺术对人们普遍的影响。

1. 院体画

皇室一直是宋代绘画艺术的最大赞助人。雍熙元年(984),宋太宗于东京开封设立"翰林图画院",网罗天下绘画人才。北宋画院在徽宗时期发展到了鼎盛。宋代皇帝热衷于艺术,宋仁宗、神宗、徽宗、高宗、光宗都对绘画有不同程度的兴趣,其中造诣最高的莫过于宋徽宗赵佶。赵佶第一次提出了花鸟画能"粉饰大化,文明天下,亦所以观众目、协和气"的政教功用。他发展了画学教育,"画学"被正式列入科举之中,使画家的地位得到了明显提高。他以高超的艺术才能开创了"宣和体",以形象的写实性、诗意的含蓄性、法度的严谨性为风格特点,笔墨精细入微,设色鲜丽,神形俱妙。

宋室南渡后恢复画院制度,据明人陈继儒记载:"武林地有号园前者,宋画院故院址也。"地址在凤凰山东麓附近。据王伯敏先生考证,南宋画院所在之处为南宋临安城东新门外之"富景园"前,现在杭州望江门内,此地旧称"园前"。虽然仍有学者对南宋画院的实体存疑,但无可否认的是南宋院体画的存在。

宋代山水画经历了由北到南的转折,北宋初期的绘画,以北方画派为主,非常注重画面的气势,构图雄壮、高远。到中期,逐渐发生变化,不再单纯讲究线条和气势,开始追求内在的神韵气质。到南宋时期,山水画风格再次发生变化,如马远创作了一种构图法——角隅法,往往以某个特定的角度展开创作,讲究工整和秀丽,追求画面细节的对比之美。描绘的细节和具体形象更多,南方绘画那种小巧、精致的特点从画中扑面而来。

宋人对"格物"的追求，表现在绘画上，就是对自然万物观察与描摹得非常仔细。对岩石的质地和纹路、水流的流向和波纹、树木花草在季节更替下繁盛衰弱的变化，对花鸟鱼禽的活动姿态，都研究得非常认真仔细，这种穷尽极致的严谨创作态度，使宋代产生了中国最好的山水画和花鸟画。

南宋王朝在书画艺术方面的发展丝毫不逊于前代，尤其在构图笔墨和画面意境的追求上，都独具创新性，并且在山水画、历史故事画、风俗画等方面取得重大成就。

2. 文人画

宋代绘画在以一丝不苟的精湛技法向精美追求的同时，不求形似风格的文人画风也在兴起。就在宋徽宗赵佶极为欣赏的精细入微的院体画画风风靡画坛之际，与之相对立的以"离形得似"自我标榜的文人画风也继续发展。与院体画的表现手法迥然不同，文人画风追求文人雅趣，率性而为、自由生发。

文人从事绘画创作从魏晋就已出现，但那只是个别现象，真正将其看成文化修养的一部分，而且将其融入生活中是在宋代。文人作画强调画外之音、言外之意，追求更富有抒情意味的心灵体验；他们寄情于花卉和山水的同时，也将其视为绘画的选材。

虽然"文人画"一词是由明代董其昌提出，但苏轼第一个比较全面地阐明了文人画理论，对文人画体系形成起了重要作用，他所倡导的"墨戏""士人画"，被认为是文人画的滥觞。文同、王诜、米芾等文人绘画群体的出现，使文人画逐渐成为时代的主流，米芾、米友仁父子的横点山水画，被后世称为"米家山水"，成为文人山水画最早的典型，对后世的文人画及理论发展产生了深远影响。

南宋文人画家队伍已经壮大到百人左右，除了在理论上进一步展开讨论以外，在实践上也取得了令人瞩目的成就。特别对竹石、梅花、兰草、水仙等题材的描绘非常流行，米友仁的"云山墨戏"、扬（一作杨）补之的"墨梅""孤竹"、赵孟坚的"水仙兰花"、郑思肖的"墨兰"都为世人所珍视。他们以此托物明志。他们对水墨花卉的刻画不求过度繁琐，而重在笔墨，与书法相通。

3. 风俗画

与院体画、文人画同步悄然兴起的另一类宋代绘画，就是风俗画了。由于宋代市民文化的兴起，反映城市经济发展与城乡生活面貌的作品大量涌现。宋代风俗画的题材非常广泛，有货郎、婴戏、赶集、车马、街市、耕农等，生动形象地描绘了社会各阶层的日常生活，充满浓郁的市井风情，真实反映了普通民众的生活、思想及审美趣味。其中最著名的就是张择端的《清明上河图》，还有燕文贵《七夕夜市图》、李嵩《货郎图》、苏汉臣《秋庭戏婴图》、阎次平《牧牛图》等。

4. 白描画

由于人的自我意识觉醒，宋代的人物画讲求写实风格，肖像画流行，文人阶层还普遍出现画自画像的现象。

其中最著名的是李公麟，他兼具文人学士与画家的双重身份，是一位典型的文人画家。他以娴熟的笔法"扫去粉黛，淡毫轻墨"，开创了以纯粹的线条为艺术形式的绘画语言，使"白描"成为一门独立的画科，对中国人物画的发展与创新具有划时代的意义。

绘画理论的发展

宋代书画理论专著有黄休复的《益州名画录》、郭若虚的《图画见闻志》、郭熙的《林泉高致》、邓椿《画继》等。

其中黄休复在《益州名画录》中提出"逸、神、妙、能"四格的品评理论。所谓"逸格"即"拙规矩于方圆,鄙精研于彩绘,笔简形具,得之自然,莫可楷模,出于意表",指不拘于成矩,不追求形似与色彩,笔墨简妙,得之自然,出神入化,境生象外的作品。所谓"神格"即"应物象形,其天机迥高,思与神合",指能抓住对象的外形及特质,天机高妙,聚思凝神,一气呵成的作品。所谓"妙格"即"若投刃于解牛,类运斤于斫鼻,自心付手,曲尽玄微",指笔法娴熟,心手相应地将最玄妙细微之处淋漓尽致地表现出来的作品。所谓"能格"即"画有性周动植,学侔天功,乃至结岳融川,潜麟翔羽,形象生动者",指有一定的写实能力,能生动地表现对象外在特征的作品。

有意思的是,宋徽宗主持画院时,将四品之序调整为"神、逸、妙、能",反映了他"专尚法度"的评画要求(邓椿《画继·论远》),适用于画院。到了南宋,邓椿又恢复了黄休复的"逸、神、妙、能"的排序。这其实反映的正是院体画与文人画之间微妙斗争的情况。因为"逸品"与"神品"之间,差别在一个"味"字而已。在绘画艺术中,"逸"所表达的正是中国文人士大夫所孜孜追求的那种清高、旷达、超脱、飘逸的生活品味和审美理想。

郭若虚则在《图画见闻志》中提出"气韵生动"说,指出"板、刻、结"的"用笔三病";刘道醇则又总结出"六要和六长"的"识画之诀"。

在山水画理论方面:郭若虚对李成、关仝、范宽的山水画风进行了分析评论;郭熙的《林泉高致》是最能体现宋代山水画理论成就的

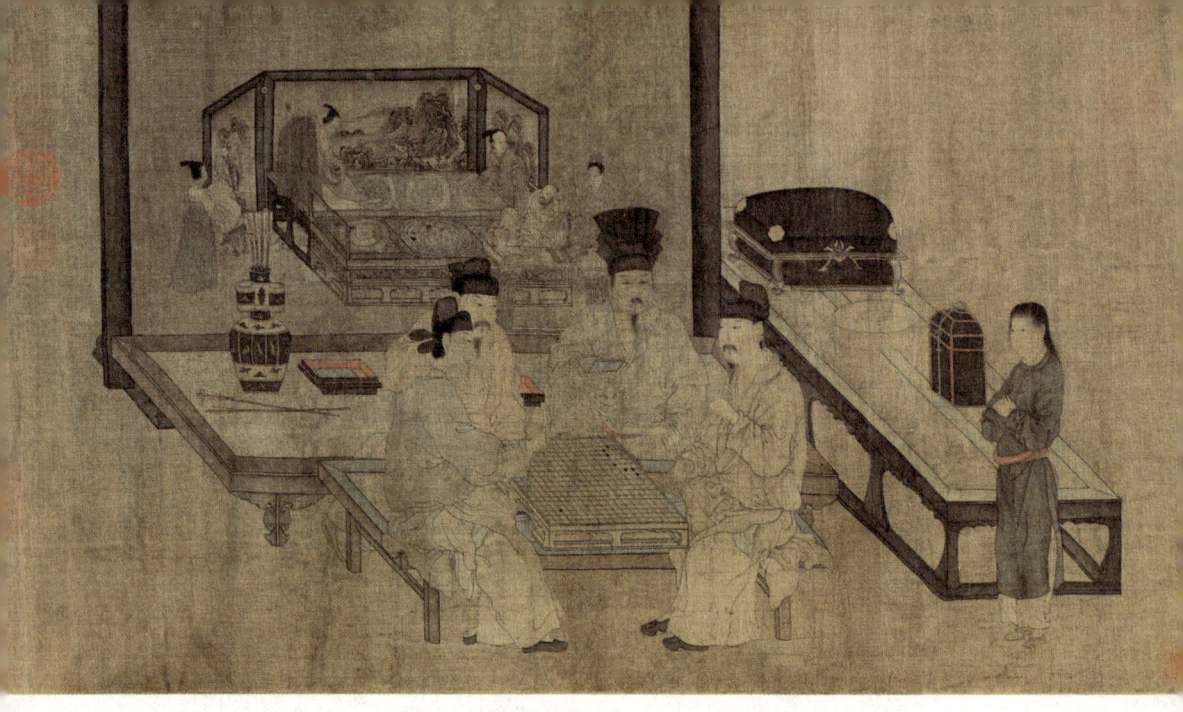

(传)五代 周文矩 《重屏会棋图》,现存者为宋摹本

著作,其所论述的观察山水的方法与态度、创作取材的典型化、透视学上的"三远法"即"高远、深远、平远",都是非常经典的画学理论。

而文人画理论方面,则有欧阳修的"画意不画形"、文同的"成竹于胸中"、苏轼的"诗画本一律,天工与清新"、米芾的"崇尚平淡天真"等精辟画论,对后世文人画产生深远影响。

文人画家与职业画家

宋代的士大夫往往身兼官员、文学家、书画家、鉴藏家多种身份，这是不同于其他朝代的一点。有赖于教育和选拔机制的完善，他们不论出身高低，普遍从小能够接受严格的儒家文化教育，具有深厚的文学修养，在艺术的品鉴上具有得天独厚的条件，当然对不少出身一般的读书人来说，艺术鉴赏的实践还是靠后天提升而来。不论在绘画实践还是绘画理论方面，宋代文人士大夫已打破身份界限，深度介入绘画领域，参与绘画、评画的行为非常普遍，同时，由于当时普遍存在的艺术风尚，社会对书画鉴藏颇有兴趣，绘画成为不少文人的业余爱好，收藏鉴赏甚至自己动手创作也成为生活常态，这就为朋友雅聚或家庭聚会时开展书画品评活动提供了条件。

另外，在宋代要做一名大家公认的好画家并不容易，因为人们普遍开始注重画家的修养，并把它作为评画的一种标准。他们认为，画家必须有良好的修养才能画出好作品，这种修养包括三个方面：一是文学造诣；二是生活经历；三是艺术传统的研究继承。南宋时的鉴赏家赵希鹄总结为"胸中有万卷书，目饱前代奇迹，又车辙马迹半天下，方可下笔"（《洞天清录》），对画家这个群体提出比较高的要求。同时也可以看出，这是宋代社会对画家从职业化向文人化要求转化的一种倾向，当然这并不妨碍现实生活中大量画工及匠人的存在。

南宋的书画市场

临安的书画市场十分繁荣,书画交易异常频繁。主要有几个特征:书画市场十分庞大,需求十分旺盛;交易方式多种多样,且以店铺和集市贸易为主;形成了完整的需求方、供给侧和中介组织市场链。

1. 市场繁荣促进文化繁荣

钱塘自古繁华,经济文化繁荣。自从宋室南渡以后更是四方之士民辐集,形成百万居住人口的大都市。而赴京的考生、官吏和来往的商人等,又形成数十万计的流动人口。

宋代皇室重文抑武的政策引发复古拟古的思潮,各代皇帝对艺术发自内心地热爱,甚至直接成为艺术赞助人的行为,带动了社会各界对书画艺术的追捧,有力引领了书画市场的繁荣。大量文人甚至大众喜好古物及书画鉴藏,各类书画雅集不断,社会艺术氛围浓厚,书画馈赠、交易也成为十分普遍的现象。

同时,人口的密集带动了文化市场的繁荣及旅游业的发达。由于坊巷制的出现,使得宋代城市店铺贸易相当兴旺,书画市场借以孕育发展。临安城酒楼、茶肆等店铺和勾栏瓦舍、歌楼等商业性的文化娱乐场所,数量众多而且分布范围极广。这些茶坊酒楼为了吸引顾客,往往张挂名人书画,供茶客欣赏消遣。南宋笔记《都城纪胜》载临安:"大茶坊张挂名人书画,在京师(开封)只熟食店挂画,所以消遣久待也。今茶坊皆然。"茶坊张挂书画可使饮茶环境优雅,对书画市场而言则意味着需求的扩大。

旅游业的兴盛进一步推动了书画市场的发展。西湖风景如画,"临安风俗四时奢侈,赏玩殆无虚日"。为了适应游客的需求,景区内开设专门经营屏风画作的店肆。每年三月游春时,整个西湖到处售卖花篮和画扇、古玩玉雕等。

2. 交易方式多样

南宋时期，临安已形成固定或非固定的书画市场，交易方式多种多样，但以店铺和集市贸易为主，辅以其他形式，比如官员造访、友情赠送等。

集市贸易成为当时书画交易的重要形式之一，交易十分频繁，成为南宋时期独特的市场现象。当时的临安城内，"御街应市，两岸术士有三百余人设肆，年夜抱灯，及有多般，或为屏风，或做画，或做故事人物……"（《西湖老人繁胜录》）。该书还记载南宋临安的"诸行市"中，有"金钱市""象牙玳瑁市""珍珠市""银朱彩色行""纸扇行"等古玩艺术品市场，其中扇市是以书画作品为主。宋代扇子品类很多，其中图扇、细画绢扇、山水扇、梅竹扇、花巧画扇等都属于书画作品。又据《梦粱录》载："杭城大街，买卖昼夜不绝，夜交三四鼓，游人始稀；五鼓钟鸣，卖早市者又开店矣。"这充分证明，当时的书画店铺数量多，买卖时间长。在朝天门（今鼓楼）有年画市场，出售各种书画作品，如春联、春帖、大小门神画像、桃符等。每年二月初八，在钱塘门外霍山行祠都会举行各种庙会，在这些庙会上，商人们买卖各种物品，其中书画作品是较大宗的交易商品之一。

除此之外，在日常的社交中，还有慕名求赠、上门索画和友情赠送等。南宋邓椿《画继·缙绅韦布》载："有河东漕宋姓者，亲访其（张远）庐，邀致公署，令画绢八幅。……以六幅与宋，宋大喜，赠送甚厚，高谢还庐。"受赠书画流入市场也是很常见的现象。

3. 完整的市场链

南宋临安书画市场的参与群体主要包括艺术生产者、艺术消费者和专职的书画中介人。他们是市场链条的重要组成部分，三者中缺少任意一方，书画市场都将无法正常运行。交易范围甚至从国内拓展到了海外。

首先是庞大的消费群体激发了市场热情。临安的艺术消费者主要包括皇室、鉴藏家、官僚与普通市民等。需要特别指出的是，宋代皇室开始以经济交易方式购入书画作品，从而成为书画作品的大宗买主。这是宋代以前所没有的现象，前朝虽也曾有皇帝在全国范围内较大规模地访求典籍书画，但都非采用"购买"的方式进行。宋代皇室喜好书画，曾多次派使臣到全国各地访求和购买，例如《宣和画谱》收集的6393件作品，其中有相当部分就购自市场和民间。高宗对书画也十分热爱，甚至在南宋初建"干戈扰攘际，访求法书名画不遗余力"，还"于榷场购北方遗失之物，故绍兴内府所藏，不减宣、政"。宋室皇家作为艺术的重要消费者出现，并对书画进行直接赞助，无疑是引发书画市场繁荣的重要原因之一。

在皇家的影响下，宫廷画家们也大量收藏民间精品以供自己观赏，更有出高价钱收购的。《画继·小景杂画》云："杨威，绛州人，工画村田乐。每有贩其画者，威必问所往，若至都下，则告之曰：'汝往画院前易也。'如其言，院中人争出取之，获价必倍。"可见宫廷画师对收购书画作品的热情之高对书画市场亦有着不可估量的影响。

南宋时期还出现了专业的鉴藏家，鉴藏人数之多是前代所无法比拟的。据邓椿《画继·铭心绝品》载，两宋之间的藏家有三十多位，绘画作品二百多件。较有名的大收藏家有北宋米芾，南宋贾似道、赵令畤、韩侂胄等。这些鉴藏家具有良好的艺术修养，不仅鉴定作品的真伪，还往往身兼艺术创作者和艺术消费者，他们积极购买艺术作品以珍藏赏玩，其收藏艺术作品的数量之多，是前朝所没有的。

同时由于交易和收藏的诉求，这些鉴藏家具有很高的地位，并受到皇家的优待。据《画继》记述:"勾处士,不记其名,在宣和间鉴赏第一,眷宠甚厚,凡四方所进,必令定品。欲命以官,谢而不为,止赐处士之号,令待诏画院。"由此可见鉴藏家待遇之高。这些都是促使市场繁荣的重要因素。

此外,文人士大夫也到处收购字画。特别是赵孟坚,"多藏三代以来金石名迹,遇其会意时,虽倾囊易之不靳也",可见其对古玩书画收藏的痴迷程度。

其次是旺盛的书画供应保证了市场供给。所谓艺术生产者即书画创作者,他们创作的书画作品与其他行业生产的商品无异,都是为了迎合市场买卖的需求。临安艺术生产者主要是画院画家、画工和文人士大夫画家。西湖的景色,激发了一代画家的创作热情,吸引了大批画家来这里写生,包括皇家画院有名的画家们。他们总结前人描画西湖的经验,选取最有代表性的场景,尽情地加以渲染。除此之外,还有大量画工来此取景,他们创作了无数的书画作品,这些作品很大一部分作为商品流入市场。自从皇家恢复画院制度后,吸引了大批有名望的北宋画家南渡,如李唐、苏汉臣等。画院虽然主要围绕着宫廷的需要进行各种创作活动,但也有面向民间采风的传统,以此适应社会市场的需求。北宋后期张择端描绘城乡生活与汴京繁荣景象的《清明上河图》影响甚大,对南渡的北方人具有极大的吸引力。因为风俗画能较多地反映市民群众的生活、精神状态和审美时尚,对当时画家产生了深远的影响。他们描绘的大量社会风俗和百姓生活题材的作品,很多进入市场进行交易,如南宋画院的不少画家就曾摹制了许多风俗画作,有的以每卷一金的定价,到临安杂卖铺里出售。

此外,许多文人士大夫也或多或少地参与到市场中来,如米友仁、杨无咎、赵孟坚等人。他们业余作画以自娱，虽然主要用来相互馈赠，但也有主动进入市场的。

但为适应市场而大量创作作品的主体还是画工。据记载，宋代有姓名可考的画家逾 800 人，其中大多数为民间画工，这足以说明画工群体的规模。这些画工都以卖画为生，同行间的竞争相当激烈，因此，他们往往放弃自己感兴趣的题材，去创作适应市场需求的作品。《画继·缙绅韦布》说："于是售己所长，专以为养，不免徇豪富塵肆所好。今流布于市者，非其本趣也。"

最后是出现了专职的书画交易中介人——牙侩。这是南宋书画交易的又一大特点，也是书画交易频繁、书画市场形成一定规模的重要反映。只有当书画交易形成一定规模，才需要中间人来协调买卖、引导交换。事实上，正是中间人的存在，市场才显得异常活跃，因为很多市场交易一般都是通过中介才能完成。

第四章　挂画：挂画烧香书满前

关于挂画

1. 何谓挂画

"挂画"是"四雅"活动中今人相对比较陌生的一项内容。因为对当下来说，人们要欣赏画作，会选择去博物馆或艺术馆，而对一般人而言，家里墙上有一两幅名家绘画的并不多见，但如果像宋人那样没事儿隔三岔五挂些画出来自己欣赏或请人鉴赏，那就简直不可想象了。但对宋人来说，这似乎是寻常事。

"挂画"最早的记载见于唐代陆羽的《茶经》，是指悬挂于茶会座位旁边的关于茶的相关书法与图画。到宋代，挂画的内容不再仅限于与茶事有关，且逐渐讲究展示的形式，赏画也成为了宋人家居鉴赏和雅集聚会的重要活动。宋代的挂画成为文人雅士陶冶情操、感受生活情趣、抒发情感的方式。宋代文化艺术的繁荣说明宋人已经非常重视文化艺术对生活品质的改变。

2. 挂画的场合

挂画被列入宋人"四雅"内容之一，说明已与宋人的日常休闲生活息息相关，所以挂画的场合首先会选择居家的室内，比如书房独处或会客时等，"阁儿虽不大，都无半点俗。窗儿根底数竿竹。画展江南山景、两三幅。彝鼎烧异香，胆瓶插嫩菊。翛然无事净心目，共那人人相对、弈棋局"（宋无名氏《南歌子》）。这里讲的就是主人在书阁内张挂两三幅山水画，烧香、插花、弈棋的场景。天气晴好或举办雅集活动时，也会在庭院或园子里挂画。

宋代挂画的场所除了家居、雅集外，在饭馆、茶楼、酒店也有挂画，《清明上河图》中有一家民宿"久住王员外家"，透过楼阁窗户可以看到房间内部墙壁上挂着一幅书画，可见挂画不仅是作为店铺空间

南宋　刘松年　《真迹册页》（局部）　故宫博物院藏

的装饰，还是商家们招揽生意的重要手段。

3. 挂画注意事项

南宋人赵希鹄在《洞天清录》中，对挂画注意事项进行了详细的罗列：

择画之名笔，一屋止可三四轴，观玩三五日，别易名笔，则诸轴皆见风日，决不蒸湿，又轮次挂之，则令不惹尘埃。时易一二家，则看之不厌。然须得谨愿子弟，或使令一人细意舒卷出纳之。日用马尾或丝拂轻拂画面，切不可用棕拂。室中切不可焚沉香、降真、脑子有油多烟之香，比宜蓬莱、甲、笺耳。窗牖必油纸糊。户口常垂帘。一画前必设一小案以护之。案上勿设障画之物，止宜香炉、琴、砚。极暑则室中必蒸热，不易挂壁。大寒于室中渐著少火，令如二月天气候，挂之不妨。然遇夜必入匣，恐冻损。

短短二百多字，将择画、观画数量、时间长短、目的、陈设以及其他注意事项都囊括其中。挂画要选名画、一次挂画数量不能太多、每次挂画时间要有控制、打开画卷要恭敬、动作要仔细小心、挂前要轻拂画面、不可焚有油多烟之香、门窗要关闭、画前设小案、案上只供香琴砚、极暑和大寒时要注意防护等，不厌其烦。

从文中内容来看，宋人已经具备很强的文物或名家艺术品保护意识，其内容还透露出挂画的其中一个目的是"通风"，这种定期晾挂防止书画霉变的方法，现代博物馆在书画类文物保管中仍在采用。

南宋邓椿《画继·杂说·论远》还记载了另一个故事："荣辑子邕酷好图画，务广藏蓄。每三伏中曝之，各以其类循次开展，遍满其家。每一种日日更换，旬日始了，好事家鲜其比也。"看起来这位主人公家中收藏颇丰，非一般人家可比。三伏曝书由来已久，南方多在黄梅天出梅后"晒蒸"，一般也在伏天，都是为了书画防霉。

4. 挂画的内容

这似乎是个比较难回答的问题，因为即使传世宋画有一定的数量，我们仍然无法观其全貌。而从传世宋画来看，宋人挂画赏画的绘画作品，内容主要涉及两类，一是山水类，二是人物类。

但这并不代表没有花鸟类的绘画。宋人常借画作描绘他们的居住场景，《宣和画谱》之类画史著作即多次提到花鸟画家在园林或园圃观摩创作的情景。如徐熙"多游园圃，以求情状"，"尝徜徉游于园圃间，每遇景辄留，故能传写物态，蔚有生意"；刘常"家治园圃，手植花竹，日游息其间，每得意处，辄索纸落笔，遂与造物者为友"；宗室仲僴"初无缘饰，泛然于游人中，以笔箴粉墨自随，遇兴来，见高屏素壁，随意作画，率有佳趣"。这类现象比比皆是。而宋人挂画，除了名家字画以外，很大一部分挂的是自己的绘画作品，以自娱或与朋友切磋。而花鸟内容恰恰是宋人居家创作的重要题材，宋代的花鸟绘画一直精品迭出，是世人追捧收藏的对象。

当然，无论是存世的宋画中所表现的，还是当时现实的情况，山水类的绘画一定是占挂画内容的大多数，因为这更符合宋人的行旅天下、品题山水的追求。而宋室南渡后，西湖山水更是激发了画家们无穷的创作灵感。至少从唐代开始，就已有人涉笔描画西湖山水，虽然画史上鲜有记载。画史上关于西湖图绘的记载大量出现在南宋以后。宋代皇室大都具有很高的艺术品位，当他们遇见如此美丽的西湖，自然争相描摹。历史记载南宋的诸多皇亲贵戚都画过西湖山水，宋高宗也乘雅兴创作过："宋高宗天纵多能……而于万几之暇，时作小笔山水，专写烟岚昏雨难状之景，非群庶所可企及也。予家旧藏小景横卷，上亲题'西湖雨霁'四字。"此外，在南宋皇室宗亲当中，亦有不少对西湖山水进行描摹的。如宋高宗的叔叔赵士遵曾作《宝石山图》，描摹西湖之北里湖北岸的宝石山，是西湖周边著名景观之一；皇室的赵伯驹、赵伯骕兄弟也均以西湖为题材进行过创作。其中赵伯驹作有《万松金阙图》，描绘了西湖旁万松岭的景致，"白居易诗'万株松树青山上'，盖谓是也"，万松岭大概因此得名。图中近景的松树高大、欹侧，远处的松林茂密，浓郁的翠绿中仿佛传来阵阵松涛。郁郁葱葱的松林当中，皇宫的金顶掩映在松涛云霭当中，显得尤其富丽堂皇。岭下宽阔潺湲的溪流流向远方，汇入西湖。画面正如赵孟頫跋文中所称"清润雅丽，自成一家"，赵孟頫称此画为"近世之奇"，不愧为当时皇室所绘西湖山水画中的典范之作。

皇室的喜好本身就有着巨大的引导力量，如此一来，西湖山水图绘成为南宋画院乃至文人士子、民间职业画家的重要创作主题之一，风靡一时。所以，南宋临安城内的文人士大夫家中，一定不缺西湖题材的山水绘画作品。

宋　佚名《宋人人物册》

而宋人挂画中的另一类，即人物题材，细分起来又有两种。一种为宗教题材的绘画，如日本京都大德寺藏南宋《五百罗汉图》之《阿弥陀画像供养》《观音画像之礼拜》等，反映了寺院在佛事活动中悬挂人物像卷轴供养的情景。宋代佛教盛行，在宋人家中悬挂并供养佛像画的情况一定很多，且这类挂画一般有一定的仪规和供养的要求。

另外在宋朝士人家中还有一种很特别的挂画，就是主人自己的肖像画。面对自己的肖像，主人公就像面对着镜子，自我凝视，可以时刻反省，远离利益的纷扰，审视自己存在的意义，寻找属于自己的价值。

5. 怎么挂画

宋代"挂画"现象非常普及，但具体到用哪些工具挂画、怎么

《十八学士图（之四）》 台北故宫博物院藏

第四章　挂画：挂画烧香书满前

借助道具挂画，以及郭若虚提到的"玉画叉"究竟为何模样这一系列问题，古人并没有留下记录，但我们仍然可以从存世宋画中观察一二。

《五百罗汉图》之《阿弥陀画像供养》图中，一僧人正双手高举一根长杆，作挂画状，长杆顶部被隐去，看不见具体构造。此长杆应为挂画之道具画叉。阿弥陀佛像是一幅装裱好的立轴（也称挂轴），最上端用来悬挂的绳线以及上部的天杆（上杆）、天头部分被遮挡不可视，画心两边有框档，下半部的地头、轴头被一僧人托着卷起，似正准备缓缓放下。从图中可见，此画轴似贴壁而挂，悬于厅堂梁架之下。

《观音画像之礼拜》图中，一童子手持画叉，画叉的顶端呈"U"形，钩住悬挂的绳线，其下有两个飘带状的丝绦，被称为"惊燕"（又称"经带"）。此挂轴是悬于室外空间观看礼拜之用，是临时悬挂书画的一种形式。悬于室外空间观看书画的绘画作品，在宋及以后均可见，这些绘画多为描绘文人雅集时的场景。

清梁绍壬《两般秋雨盦随笔》卷七"惊燕"条："凡画轴制裱既成，以纸二条附于上，若垂带然，名曰惊燕。其纸条古人不粘，因恐燕泥点污，故使因风飞动以恐之也。"

从记载中可见书画装裱中"惊燕"之由来。此外，图中还可见画轴之天杆（上杆）、天头（又称上引首）、隔水（又称隔书）、幅面、地头（旧称下引首）、轴杆、轴头等，装潢形制基本完备，但画心两边无框档，似较为古制的装裱方式。

旧题南宋刘松年绘《十八学士图》（台北故宫博物院藏）之四，反映的就是挂画题材。图中可见挂轴的装裱形式发生了变化，最明显的是两条"惊燕"已从飘带状的丝绦转变为"纸二条"，但以画叉

173

挑悬线绳的悬挂方式未变。从图中挂轴的装裱方式来看，时代明显较晚，可能晚于刘松年生活的时代。

室内以画叉挑悬线绳挂画轴的方式，可见于宋佚名《会昌九老图卷》。该图以"琴棋书画"的连续画面的形式，展现唐会昌五年（845）白居易居洛阳时与友人的"尚齿"之会。画中可见一童子举一画叉，叉端悬挂一卷轴，卷轴的装裱较为简单。

宋人在室内悬挂绘画还可见于佚名《宋人人物册》。此图中有一人物画挂轴悬置于一屏风上，红色挂钩之结构清晰可见，挂绳、惊燕、卷轴描绘细致，为典型的"宣和裱"（也称宋式裱），上为天头，中有惊燕二条，左右两侧有框档，中间接本幅，下为地头、轴杆，露出红色轴头。

6. 装裱与屏风

以上均是传世的绘画作品。由这些绘画资料，不仅可知宋代文人及僧侣阶层悬挂书画的常态，也再次以图像的方式印证了宋人书画装裱形制的日益成熟与完备。

正是由于装裱技术在这一时期的大发展，才使得各类书画作品在延年益寿的同时，更利于日常的保存、携带，以至进一步的悬挂与赏玩。

宋时，以传统的屏风绘画作为室内装饰与空间隔断的实例很多，王安石有诗云："每家图画有屏风。"由此，宋人的室内空间同时存在屏风绘画与悬挂画轴的装饰方式完全可能，但二者是否真的存在如《宋人人物册》这般重叠的装饰法，却未可知。

第五章

插花：醉里插花花莫笑

第五章
插花：醉里插花花莫笑

　　花卉代表着自然繁衍与生生不息，是上天赐予人类的美的化身，对花卉的欣赏与追求是人类不自觉的共通行为，折花、戴花、佩花的习俗早已有之。但到了宋代，插花已上升为艺术。宋代插花风格多样，其中尤以"清""疏"的艺术风格最为著称，讲究素雅纯粹的简单美，用极简的线条、特定的花卉彰显主人情志，赋花木以人格，以花德意寓君子品德，形成中国插花艺术史上第一个高峰。

插花小史

中国古代"花"与"华"通。中国本土花卉文化源远流长。在8000年前,浙江杭州已有桃树,跨湖桥遗址出土了世界上最早的桃核;距今5000年的杭州良渚文化遗址也有桃核出土,良渚先民人工培育使之更加进化。在北方,红山文化的四瓣到多瓣花卉造型玉器,可追溯到4500年前,而仰韶文化庙底沟的彩陶上,更是展现出独具匠心的"华山玫瑰",它们由菊科和蔷薇科两种植物的花瓣组成,形成了一种令人惊叹的美丽景象。商代甲骨文中已有"花"字,自商周至秦有不少与花卉造型、图像相关的器物精美绝伦,如山西侯马白店出土东周花朵纹泥模、河南新郑李家楼出土春秋莲鹤方壶等。而先秦文献《诗经》《楚辞》也为我们留下不少关于花卉的美文。"桃之夭夭,灼灼其华……"著名的《桃夭》让我们领略了2000多年前春天桃花盛放的美丽景象;《郑风·溱洧》中有"赠之以勺药",是折花赠人的最早记录;屈原《离骚》中有"纫秋兰以为佩",是古人佩花、簪花最早的记录。

至两汉魏晋南北朝,中国传统供养礼仪一直保持以祖先崇拜和祀农为主,东晋时出现"春盘"这一新型祭祀形式,就是将五种辛荤的蔬菜,如大蒜、韭等组合装盘供祭祀用,又名五辛盘,被认为是中国传统盆景式插花的滥觞。而丝绸之路的开辟带来西域奇珍异卉,丰富了中原花卉品种。由于受佛教文化影响,花卉被作为礼佛之宝,在5至6世纪的北朝各时期的敦煌壁画中,拈花、执花、捧花、撒花的描绘很常见,也出现了佛前供养的瓶花,所供花卉及装饰花卉更多以莲的形象出现。如四川德阳出土有东汉采莲画像砖;山东临朐北朝墓画像石上可见一敞口、长颈、胆形腹花瓶插莲花、荷叶的形象,莲花为立式,花朵、花叶左右呈对称状。以莲供瓶的佛前"花供"被视为中国瓶式插花艺术的起源。同时由于南北交流，花木也随人类活动迁移，西晋时期嵇含的《南方草木状》记载了当时奇花异木输入中土的盛况。

至隋唐，丝绸之路达到极盛，开放包容的文化气象和经济社会进一步发展促进了花事繁荣，已出现专业种植花卉的农户和花卉交易，花卉品种和观赏性得到提高；宫廷园囿、园林别业发达，寺观植花风气盛行，世人更多追捧的是花卉的观赏价值，"唯有牡丹真国色，花开时节动京城"。以各类鲜花或人造花朵饰品作为头饰或首饰佩戴，蔚然成风。头上戴花不仅是上层社会及贵族装扮中不可或缺的部分，也是百姓日常着装中的常备元素。唐代画家周昉的《簪花仕女图》形象地再现了唐朝贵族妇女簪花戴彩的场景。"春盘"仍然兴盛，同时引入造景插花的形式。至唐末五代，又出现壁挂式插花，被称为"锦洞天"；另出现一种浅盆造型，盆底伸出的细筒可用于分枝插花，被认为解决了盆插固定花枝的难题，人们称之为"占景盆"。

至宋，虽然"春盘"供养仍在，但中国传统插花的概念已从"春盘"中分离出来单独发展，并日益生活化。而此时，另一种插花形式，来自佛前"花供"之一的"瓶供"，也已从寺院佛堂带有教化与敬畏感的宗教礼仪中走向日常，成为平日生活的装点——瓶花。瓶花在脱颖而出的过程中，与中国传统固有的供养、祭祀习俗相结合，再加入文人的情趣与对古器物的鉴赏、审美，又催生出以"瓶中插花"为主体的岁朝清供。同时，宋代在文献中第一次出现专指插花之瓶的"花瓶"一词。温革《琐碎录》卷二"杂说"条云："冬间花瓶多冻破，以炉灰置瓶底下，则不冻，或用硫磺置瓶内亦得。"同卷中还有不少关于鲜花插瓶的各种知识。可见当时鲜花插瓶的风气之盛。

元代插花基本继承了宋代的传统，文人插花流行"心象花"或"自

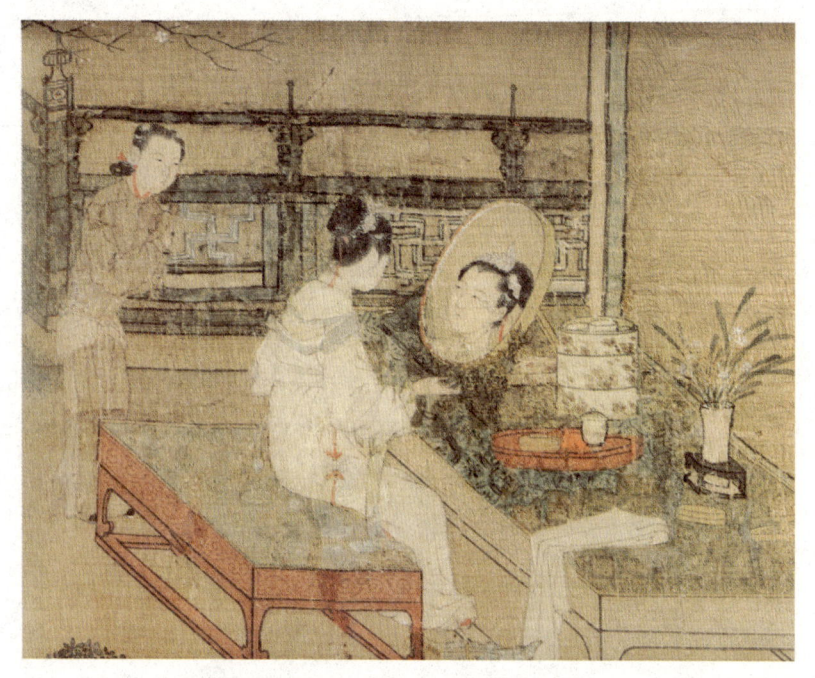

(传)宋　苏汉臣《妆靓仕女图》　美国波士顿艺术博物馆藏

由花",至明代,插花理论完全专业化、系统化,瓶花成为插花艺术的代名词,以高濂的《瓶花三说》,张谦德的《瓶花谱》,以及袁宏道的《瓶史》最为著名。清代插花在继承中有创新,将瓶花与芳香蔬果、金石鼎彝等清雅之物搭配在一起,组成瓶花清供。在插花技巧上也有所突破,主要是"撒"的运用及原始"剑山"的出现。"撒"即瓶式花器内插架的固定方式,"剑山"尤其适合在碗盘类花器中使用,这两种技术现在仍然在运用。

第五章　插花：醉里插花花莫笑

全民爱花

宋人爱花，是全民之风，无论是帝王将相还是官宦士夫抑或平头百姓，都醉心各种花事。包括插花在内的簪花、赏花、品花、谱花、种花等一系列活动，伴随日常生活而行。花卉具有精神与物质双重属性，成为各阶层绝佳的共同选择，也成为大宋文明的一个独特注脚。

1. 宫廷用花

宋代的皇帝们普遍爱花。追根溯源来说，作为大宋礼仪建设第一人的宋真宗功不可没，因为他将赐花纳入大宋朝廷礼制。真宗每逢祭祀之后或重大节庆都会举办大型宫宴宴请百官，如春秋大宴、圣节大宴、饮福大宴、闻喜宴、曲宴等，都设单独的赐花环节，大规模赐花百官，而且还设定一整套更衣、赐花、簪花、谢花礼仪流程，严格执行。宋代统治阶级对花卉礼仪的提倡，无疑有力地引领了朝野上下。

宋室内部的用花也是非常惊人，宫廷一年四季花团锦簇，并定期不定期组织赏花活动，这些赏花活动显示出皇家插花的气势。《武林旧事》卷二《赏花》记载南宋宫中举办的赏花活动："堂内左右各列三层雕花彩槛，护以彩色牡丹画衣，间列碾玉、水晶、金壶，及大食玻璃、官窑等瓶，各簪奇品，如姚、魏御衣黄、照殿红之类，几千朵"，"至于梁栋窗户间，亦以湘筒贮花，鳞次簇插，何翅万朵"。南宋宫廷的大型插花，场面宏大、富丽堂皇，令人咋舌。与南唐李后主所创堪称世上最早花展的"锦洞天"相比，一点也不逊色，而且场面更加气派，花材更加高级，花器也更加讲究。

而赏花活动最令人激动的高潮，是自随行官员、宫中嫔妃到内侍，都会收到来自皇帝御赐的礼物，翠叶牡丹、分枝铺翠牡丹、御书画扇、龙涎香金盒之类，多少不等。甚至参与宫中赏花活动的文艺工作者也能得到皇帝的赏赐，所以人们喜欢称之为"随花赏"。

乾道三年（1167）三月，高宗到聚景园赏花，园内两廊都是小内侍及幕士，并仿效西湖边的商铺，摆满珠翠、花朵、玩具、匹帛及花篮、闹竿、市食等，高宗一行观赏抛彩球、荡秋千和百戏，并一一赏赐，然后登御舟绕堤闲游，一派西湖歌舞、宴安佚乐的景象。淳熙六年（1179）三月，高宗游园，于园中入御筵，又至锦壁赏大花，三面漫坡牡丹千余丛，各有牙牌金字，上张大样碧油绢幕，又别剪好色样一千朵，安顿花架，都是水晶玻璃、天青汝窑、金瓶，中间设置沉香桌几一只，安顿白玉碾花商尊，约高二尺，径二尺三寸，独插照殿红十五枝，摆设十分奢侈。

《武林旧事》卷七《乾淳奉亲》还记载了太上皇赵构与孝宗的一次赏梅活动："上过德寿宫起居，太上留坐冷泉堂，进泛索讫。至石桥亭子上看古梅，太上曰：'苔梅有二种，一种宜兴张公洞者，苔鲜甚厚，花极香；一种出越上，苔如绿丝，长尺余。今岁二种同时著花，不可不少留一观。'上谢曰：'恭领圣旨。'"从中可以看出，宋高宗对梅花不仅喜爱，而且非常精通梅花花事。

2. 文人爱花

不同于宫廷的奢华之风，作为社会中坚的文人阶层，他们爱花更擅于从精神文化的高度去领略与塑造花的"品格"。"花"本作"华"，荣也，自然而然地寄托了广大读书人对太平盛世、锦绣荣华等的追求，寄托着他们对美好生活的期待与向往。宋代文人对花的品鉴也较之前人更加深刻透彻，促进了宋代花卉文化的繁荣。他们把花卉作为格物致知最理想的对象，喜欢将花木拟人化，借助自然生物和现象来体悟生命，把自己崇尚的品德赋予其中，以此塑造自己的形象。而具体到每一种花，宋代的文人们既有审美上的共性，又有自己的独特理解，从中找寻自己的精神气质。与花卉有关的诗词歌赋大量涌现、文章笔记比比皆是，为后人留下宝贵的精神和文学财富。

以焚香、点茶、挂画、插花为代表的宋人"四雅"，出现在文人的各种聚会中，贯穿在文人的日常生活里。而除了簪花、插花之外，荷锄种花、饮酒赏花、咏花绘花，各类与花有关的活动都被视作风雅之事，让宋代文人流连忘返。插花艺术有一个必需的原材料是花材。为满足自己的精神需求和实际需求，宋代有条件的人家大多会在自家的庭院或庄子里种植花卉，用这些花卉来装点居所，或在宴会上助兴。文人无论闲达，均喜在居处开圃莳花，会友品赏；或随时采折插瓶，孤芳自赏。他们大都喜欢追求花卉名品，以彰显自己的品味。

3. 民间狂欢

宋代民间逐花热潮一浪高过一浪，超出历史上任何时代。宋代民间花事的繁盛，是宋代皇室和文人阶层大力推崇，以及商品经济高度发达双重因素作用之下，市井文化生活丰富多彩的表现。

宋人的节俗、礼俗大多源于唐代或更早期，但有一个根本性的区别在于民众的参与度。以花朝节为例，花朝节在中国是指百花的生日，有关习俗可能在春秋时期已经具有雏形，但当时尚未出现"花朝"一词。到了晋代，浙江一带开始有花朝的风俗，并已经将它与中秋相提并论了。到了唐代，明确以二月十五为花朝节，与元宵节、中秋节并称三个"月半节"，并与五月五日端午节、九月九日重阳节等并称"民间岁时八节"，但当时主要还是流行于宫廷贵族阶层。

花朝节节俗的真正形成是在宋代，由于民众的广泛参与，它演变成了民间节庆活动，在南宋时则成为满城狂欢的重大节日。那一天，南宋临安都城的市民纷纷外出，到各处名胜观赏奇花异木。这时候正是桃花盛开的季节，西湖周边的包家山上艳丽的桃花开成一片，

南宋 刘宗古 《瑶台步月图》（局部） 故宫博物院藏

第五章 插花：醉里插花花莫笑

好像天然的锦障，极为可爱。南宋时期著名的园林如钱塘门外的玉壶、古柳林、杨府云洞等园，钱湖门外的庆乐、小湖等园，嘉会门外的包家山王保生、张太尉等园，都会向市民游客开放，人流不息。宋代自创的花事节庆，如"万花会""开菊会"等，亦是动辄万人观赏。

宋人"四雅"普及到最基层的民间，民间插花方兴未艾。寻常人家每逢节俗或祭祀也会插制花卉供养，比如端午节，按照都城临安的习俗，家家户户都必须插花、供花。

理论研究

1. 为花写谱

观赏类植物谱录的创作起于唐，盛于宋，目前有记载的唐宋时期作品约 35 种，宋代的占 30 余种。与前代谱录多与生产种植内容有关不同，宋人撰写了数量颇众的园林花卉类谱录，宋代观赏类植物谱录从内容上大致可分为两类：

第一类专记某一种植物，第二类则兼记各类花木。

宋代文人都以著书立说为风尚，由于花事的繁盛，引得时人纷纷为花撰写花谱。三百年间，可谓谱录迭出。根据王毓瑚《中国农学书录》的调查，两宋时代的花草学术文献数量高达 43 种，其中包含北宋周师厚的《洛阳花木记》《洛阳牡丹记》、欧阳修的《洛阳牡丹记》、王观的《扬州芍药谱》、刘蒙的《刘氏菊谱》，南宋史正志的《史氏菊谱》、范成大的《范村梅谱》《范村菊谱》、史铸的《百菊集谱》、赵时庚的《金漳兰谱》以及陈思的《海棠谱》等。这些有关花的学术文献，既有生动的描述，也有精确的分析，还收录有关诗词文章，记录各种逸事趣事，为我们了解宋代的花卉文化提供了重要的参考资料。

北宋释仲仁著有《华光梅谱》一卷，将画梅技法上升至理论的高度，介绍了画梅口诀和取象方法，是我国的一部画梅宝典。

《范村梅谱》又称《石湖梅谱》，也被称为"范成大《梅谱》"，是中国历史上第一部梅花专著，距今已有 800 多年的历史。范成大还创作有《菊谱》，也被称作《石湖菊谱》或《范村菊谱》。此外，他还创作有《桂海花志》和《桂海草木志》等多部植物学著作。

张镃著有《梅品》，又称《玉照堂梅品》，写于南宋光宗绍熙五

宋 佚名 《华春富贵图》

（传）宋 苏汉臣 《妆靓侍女图》（局部）

年（1194），专门介绍如何欣赏梅花，并提出欣赏梅花的58条标准。

《梅花喜神谱》为南宋宋伯仁所作，这部作品收集了100幅精美的梅花图，展示出各种梅花的独特外观，被誉为中国第一部木刻画谱，其艺术性与历史意义都极为突出。

刘蒙著有《刘氏菊谱》，又名《菊谱》，成书于北宋徽宗崇宁三年（1104）。这本书将菊花分为黄色、白色、紫色和红色等品种，这一菊花分类标准对后人产生很大影响。《菊谱》收录了35个菊花品种，其中有4个鲜为人知的品种，以及2个野生品种，被认为是中国第一部关于菊花的专著，也是全球第一部关于菊花的专著。

史铸著有《百菊集谱》六卷，《菊史补遗》一卷，大约成书于公元1242—1250年间，是作者收集诸多菊谱汇集而成，可谓集菊谱之大成。

北宋欧阳修《洛阳牡丹记》系统介绍种牡丹、爱牡丹、赏牡丹的盛况，还相当专业地记述了牡丹的育种方法、花型演化趋势，特别对播种选育新品种的方法进行了详细的总结，不仅仅是一部关于牡丹种类的研究书籍，更是世界上首部关注牡丹品种流传和种植养护的专著，其精彩的语言、典雅的笔法，使其在科技史和文学史上都占有重要地位。在欧阳修之前，僧人仲休写过《越中牡丹花品》，但遗憾的是这本书现在已不存。从其他文献中可知它对如何观察、培育、修剪、治疗牡丹提出了重要解决方案，还记录下一项特殊技巧：当时的人们为了将牡丹花王送到百里之远的京城让皇帝观赏，并保证花朵的新鲜，在竹笼里衬上蔬菜并用蜡封其花蒂。

周师厚于元丰五年（1082）二月撰成《洛阳牡丹记》一卷，该书记载了当时洛阳的名贵牡丹品种55种，与欧阳修《洛阳牡丹记》相同的品种仅有9种，因此具有很高价值。此外周师厚还著有《洛阳花木记》，记录了牡丹、芍药、杂花、果子花、刺花、草花、水花、蔓花等花卉。他在该书《叙牡丹》一节中，从品种特征、来源上细论了45种牡丹品种，同时又记载有种植技术，虽然篇幅不大，但有关牡丹突变现象的记载较为重要。

南宋陆游模仿欧阳修《洛阳牡丹记》的体例，撰写了《天彭牡丹谱》。其《花品序》中以颜色为标准分别评判牡丹品种的等第，其中记有红花牡丹21品，紫花牡丹5品，黄花牡丹4品，白花牡丹3品，碧花牡丹1品，另外还有31种未分品等。《花释名》中详细记载了各种牡丹的瓣型、花色、得名来历、花姿、品第及传播过程，只记载天彭当地名贵的品种。

南宋丘璿著有《牡丹荣辱志》。该志通篇拟人，以牡丹中姚黄为花王、魏红为妃，又以他品为九嫔、世妇等之数，又列花君子、花小人、花亨泰、花屯难等，是比较特别的牡丹谱。

赵时庚著有《金漳兰谱》，成书于南宋理宗绍定六年（1233），介绍了产于不同地方的32个兰花品种，作者对兰花的品鉴以及培育颇有心得。该书是我国乃至世界上第一部兰花专著。

王贵学著有《王氏兰谱》，成书于南宋理宗淳祐七年（1247），详细记载了50个兰花品种，兼及兰花定品的原则、分析栽培的方法和施肥浇水的技巧，将宋人对兰花的研究推向了一个新的高峰，非常受人欢迎，被明代王世贞评为兰谱中最好的善本。

北宋王观著有《扬州芍药谱》，在此谱之前，宋人已有刘攽、孔武仲所著的芍药旧谱，王观从中取旧谱31种，加上当时民间新出最佳者八品，分上中下七等谱之。因此，《扬州芍药谱》算是宋代芍药谱著录的集大成者。

南宋陈思著有《海棠谱》，共三卷，上卷"叙事"录海棠故实，中、下二卷则录唐宋诸家题咏。该书保留了沈立所作《海棠记》序言、节文及海棠诗。

陈景沂的《全芳备祖》是一部中国古代花卉百科全书。书中记录了梅花、牡丹、芍药等120种花卉，内容丰富，包罗万象，是宋代花卉谱录的集大成者。从书名即可看出作者独步芳庭的自信："独于花果草木尤全且备"，故称"全芳"；又因"凡事实、赋咏、乐府必稽其始"，故称"备祖"。

2. 评品花卉

花卉成为宋人生活中不可或缺的伙伴。宋人吴自牧曾在《梦粱录》卷十八"物产"门开列了一张名为"花之品"的群芳谱，洋洋洒洒地罗列了100多个花名，都是当时人们栽培和喜爱的花卉。宋代咏花诗中数量最多的十种花卉为：梅、菊、荷、牡丹、海棠、桂花、桃花、芍药、酴醾与兰花。

如何对花卉进行欣赏和评判，这在宋代是一项专门的审美活动。宋人赏花有别于前代，他们重格调，不只欣赏外形，更要探究花之品性，即"花品"。在宋代文人士大夫的眼里，自然界中的各种花卉，因其自然习性不同，有着不同的人格化特征。如宋代姚宽在《西溪丛语》中列举了"名花三十客"，牡丹为贵客，兰花为幽客，梅花为清客等。

文人士大夫借花抒发寄托与理想，赋予各色花卉不同的人性品格。宋代理学家周敦颐《爱莲说》："予独爱莲之出淤泥而不染，濯清涟而不妖，中通外直，不蔓不枝，香远益清，亭亭净植，可远观而不可亵玩焉。"正是借莲花来暗喻作者洁身自爱的人格。宋末郑思肖在《题画菊》一诗中写道："宁可枝头抱香死，何曾吹落北风中。"即借菊花的特点来表达自己的忠贞不屈。莲、菊、梅、兰等自然界中清雅的花卉草木皆可拿来寓示人高尚的品格。

张镃《玉照堂梅品》对赏梅提出了58条标准，从多个角度提出了品梅的要求：第一方面是"花宜称"26条，指出赏梅需重视天时与良辰。第二个方面是"花憎嫉"14条，指出赏梅需讲究环境与配置。第三个方面是"花荣宠"6条，主要突出花品与人品。第四个方面是"花屈辱"12条，提醒要追求雅趣与脱俗。

宋代对花品和花性的研究卓有成果，这一时期以士大夫为代表，形成将花性与品格相比拟的风气。在"知性反省"和"即物求理"的精神诉求下，宋代文人士大夫借助花卉植物来抒发情感，并在对外在物象深沉地进行情与理的思考中描绘"人情"与"物理"的共鸣。

自然界中的各种花卉，在宋代文人士大夫那里，更多地根据花卉的生长环境、自然习性等被赋予了一定的品格,他们借此抒发自己的理想和精神追求。

3. 其他花卉著作

曾慥《花中十友》、张敏叔《花十二客》是有关花材的著作。

赵希鹄《洞天清录》、苏轼《格物粗谈》、周密《癸辛杂识》等是有关花卉保养的著作。

宋代花事的繁荣给诗人提供了无限的创作题材,诗人们通过对花的习性、生长规律等的描绘,赋予花新的内涵与象征,留下一首首脍炙人口的咏花诗篇。据不完全统计,由北京大学出版社出版的《全宋诗》,荟萃两宋20多万首诗,其中咏花诗约8000多首,涉及花卉种类达100多种。梅花傲雪、牡丹富贵、菊花凌霜、荷花圣洁……花卉成为宋代文人雅士寄托精神的最好对象。草木本是无情物,但在诗人笔下,却"道是无情却有情"。且不论这些诗词别有寄慨,只静静地欣赏那些美好的词句也是好的。

插花风格

1. 宗教插花

最早将花插入器皿以表达某种意义,与祭祀和宗教有关。在中国传统祭祀中已出现用植物与花卉表达敬意的形式,形成盘供的雏形。东汉佛教传入中国以后,花卉供养的形式多样,撒花、拈花、捧花、执花、把花均有,但供养佛前更为正规的当属瓶供和盘供,即在瓶内或盘内插上鲜花,以表达恭敬之意,这或许是中国插花艺术的起源。

从相关资料来看,早期宗教插花的花卉以莲花及其花蕾、莲蓬各一支的组合最为常见,称为"三世花",造型对称。至宋代,佛前供花与唐、五代时期基本相同,但已开始受到世俗插花的影响。北方部分地区出现了较为随意的不对称式构图,最典型的是观音手持净瓶中的插花,演变成了不对称的柳枝插法,这显然与宋代佛教本土化和世俗化倾向有关系。但大部分南方地区仍然恪守传统宗教插花的样式。

2. 宫廷插花

宋代的宫廷插花有"礼俗插花""雅事插花"之分。

所谓"礼俗插花",以宫廷赏花、装点美化环境、节日喜庆等世俗生活、日常礼仪为目的。宋代宫廷的礼俗插花沿袭唐、五代的奢华之风,并有了很大发展。在存世的宋画中,有李嵩的写生四季组画《花篮图》之中的三幅(其中秋花篮图逸失)。李嵩(1166—1243)是钱塘(今杭州)人,为南宋光宗、宁宗、理宗时期画院待诏。他的绘画题材丰富多样,《花篮图》组图是他的代表作之一,精工鲜丽、构图饱满,具有鲜明的院体画风格,描绘对象应该是用于宫廷花事活动场合的装饰性花篮。李嵩的绘画虽然题材多样,但均具有

第五章 插花：醉里插花花莫笑

南宋 李嵩 《花篮图》(上、下)

强烈的现实主义风格，《花篮图》是反映宫廷礼俗插花的真实案例。

李嵩《花篮图》（四季组图），是反映宫廷礼俗插花追求祥瑞、富贵的经典画作。从现存的三幅图来看，画中插花均为平出式造型，花材无论是数量还是种类都比较多，花与篮的比例约为二比一，构图饱满，富丽堂皇，符合皇家院体的审美特点。插制、聚散自由生动，形成不对称构图，表现出宋代插花已进入自如插制、自由造型的境界，形成突出的中国风格。

李嵩《花篮图》（春），略呈不等边三角造型，篮内插连翘（或迎春）、林檎、碧桃、刺玫、海棠等花卉，皆为春季花卉。花朵轻灵，枝叶嫩绿，缤纷又不失清雅，透出春天的气息。竹篮编制精美，提梁与底部绘有菱形纹装饰，提梁位于画面右侧。

李嵩另一幅《花篮图》（夏），枝叶向四面呈辐射的半圆状，篮中插栀子、萱花、夜百合、夏葵、石榴花，皆为夏季花卉。插制的鲜花妖艳多姿，但却艳而不俗，和谐自然、淡雅古朴。位于视觉中心的夏葵如凝脂般饱满丰盈，其他花卉则疏密斜正不失和谐。雅致的叶子微露叶梗，衬托鲜花，更显亭亭玉立。竹篮编制精美，提梁与底部绘有菱形纹装饰，提梁位于画面左侧。

李嵩的《花篮图》（冬）是典型的不对称造型。篮内插水仙、瑞香花、绿萼梅、茶花、腊梅等花卉，皆为冬季花卉。花材的选择上枝梗较短，以突出花朵之美，具有十足的韵味与生命意义。篮中所插枝、叶、花虽繁，却疏密有致，富有均衡感。竹篮上的装饰与前两幅花篮图略有不同，提梁位于画面左侧。

李嵩的另一幅《花篮图》则是双层造型，吊挂式的花篮呈镂空葫芦形，将花篮空间分隔成上下两层，使得花材也呈上下两层分布，花篮内插秋海棠、桂花、菊花、兰花和红白月季花等。上层以秋海棠为主枝，轻盈地倾斜上扬；下层桂花为主枝，馨香的小小簇花借着厚重的枝叶，婉转而低垂向下舒展。整个构图既层次分明又俯仰有致，自然优美而流畅。花篮的顶端还系有精致的绦环和结实的挂绳。这

第五章　插花：醉里插花花莫笑

北宋　赵昌　《花篮图》

类独特的悬挂式花篮造型，应该是挂在梁、壁、拱、柱等高处的插花。

　　从中可以看出，宋代宫廷礼俗插花继承了唐、五代宫廷插花的华丽豪奢风格，鲜艳热烈，装饰性极强，具有华美、丰盈、隆盛、色彩艳丽却不凡俗的特征，可谓"华丰盛艳"，以满足皇家追求吉祥繁荣的心理需求。画中的插花作品多花形硕大、枝叶繁缛；花材的选取多样，以名贵艳丽品种居多；注重构图，结构严谨；用以盛放插花的花器非贵即美。

　　那宫廷雅事插花又是怎样的呢？

　　《文会图》中的插花。《文会图》描绘的是文人雅士在庭院中饮酒集会的场面，虽说对是否是徽宗亲绘一直有争议，但画上有徽宗签押及御笔题诗，说明此画受到徽宗青睐，而且据说正对画面的一位白衣男子正是徽宗本人，所以其所谓文人雅集实则为宫廷雅会。《文会图》中的桌案上可见六盆小型插花，三盆一排，排成两排，所插花朵为白色五瓣花，花叶均小而密，花束插制成三角锥形造型。花器放置在扁型容器内不能直接看到，但可知是一种颇为小巧的花器，类似小胆瓶之类吧。外面的扁型容器应该是起到盛水作用，类似现在的盛水容器或起到再美化的作用。六盆插花形制统一、精巧雅致、摆放整齐，起到间隔和点缀作用，同时也具备一定的礼仪性质。徽宗虽身为皇帝，但内心一直向往文人生活，估计宫中常举办此类雅会。《文会图》座中有九人，算是中小型宴饮，所以桌上装饰的插花作品总体来说小而美，中规中矩。

《听琴图》中的插花。徽宗的另一幅传世绘画《听琴图》中的插花作品，被称为真正中国式插花艺术的鼻祖，具有了自己独特的艺术思想和风格。画面下方玲珑的山石上有一个在铜鼎中插制的插花作品，置于整幅画的最前方。

这幅插花作品仅用一枝茉莉花材插制，花枝的根部成一枝状，花枝上部则轻巧飞扬，左边高耸挺立，右侧横斜伸出，造型洗练生动，精妙地展现了茉莉的神韵。再看花枝的处理，纤细而有韧劲，呈"之"字形放逸，线条运用灵活，清逸而潇洒，透露出瘦金体书法的意趣。茉莉被称为隐客、雅友，赵希鹄曾言弹琴时配岩桂、江梅、茉莉、荼蘼、栀子花等、嗅之清香且颜色清丽者最好。画面中只有一位抚琴者和两位听琴的客人，可谓真正的密友相会。此幅插花以中国礼器中最为高贵的鼎为花器，则隐喻了作品主人的身份。据说抚琴者就是徽宗本人。

而这幅作品更重要的意义在于，它将"中国插花引向师法自然，追求自然姿态的全新境界。仅用一种花材的手法，明确地展现了插花向简约化发展的趋势，同时也清楚地表明这种简约并非简化，而

第五章　插花：醉里插花花莫笑

宋徽宗《听琴图》中的插花

是以更加高超的技艺表现简练的花卉材料，这展示出宋代宫廷插花的精湛技艺和对插花之事近乎苛求的讲究。这一作品明确地显示出中国插花真正具有了自己独特的艺术思想和风格"。

　　细究这件插花的造型，显然借鉴了花鸟画不对称的形式，并认真推敲了花器搭配及山石器座，达到了极高的艺术高度。而这种花卉造型的极简之美，对后世中国式插花产生了极其深远的影响。此后，历代阐述中国插花的文字常常强调插花花材种类不可过多，而书斋清供中的插花，均以一种花材插制的形式为最常见规格，应都是受宋代插花和宋徽宗的影响。

　　从《盥手观花图》《妆靓仕女图》《宋人人物册》等可以看出，宋代大户人家的插花受宫廷影响颇大。一些较大型的插花，无论花

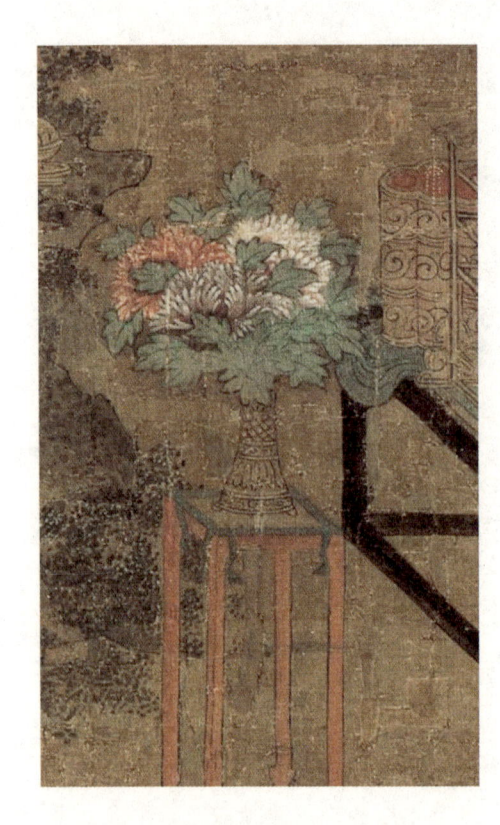

南宋 佚名 《盥手观花图》（局部）的插花

材的选用还是插花的造型，都受到宫廷礼俗插花的影响，追求富丽的风格和饱满的造型。而一些相对次要的闲逸式插花，则受宫廷雅事插花的影响，花材单一清雅、造型简单。尤其是闲逸式插花，一直有以一种花材插制的习惯，颇具中国式插花的风格。但可以看出，一般人家或文人，虽然较多采用一种花材插花，但造型并不十分讲究。

3. 文人插花

其实，很多时候我们很难用插花者身份来区分插花的风格，因为相较其他朝代，赵宋一代皇族与官僚阶层之间无论在政治还是在文化层面，相互影响是最深的，政治上既有相爱相杀的一面，而文化上则有双向奔赴的倾向，因此，有时很难说到底是谁影响了谁。但总体来说，由于皇家至高的权力，向下的影响往往会更大。

第五章　插花：醉里插花花莫笑

南宋人葛立方《韵语阳秋》卷十六云："欧公在扬州,暑月会客,取荷花千朵,插画盆中,围绕坐席,又命坐客传花,人摘一叶,尽处饮以酒。故答吕通判诗云：'千顷芙蕖盖水平,扬州太守旧多情。画盆围处花光合,红袖传来酒令行。'然维扬芍药妙天下,可以奴视荷花,而是时欧公不问有芍药盛会,何耶？东坡在东武,四月大会于南禅、资福两寺,剪芍药置瓶盎中供佛外,以供赏玩,不下七千余朵。有白花独出于众花之上,圆如覆盂,因有'两寺装成宝璎珞,一枝争看玉盘盂'之咏,惜乎欧公未知出此。"

这里记载了欧阳修在扬州及苏轼在密州的花事活动,从欧阳永叔和东坡居士主持的两次插花盛会,可见宋代文人士大夫们在繁忙的公务之余,也会热衷于热闹繁华的插花活动,这不得不说是受了宫廷礼俗插花的影响。而宋徽宗在宫中举办文会雅集焚香、插花、听琴,则一定是受了文人生活的影响。

不过说到文人插花,我们更多想到的可能会是另一种情态——书斋清供,可能这是属于文人阶层的独一份了。

插花被宋代士大夫们作为风雅之事而行之,乐此不疲。文人出游,常会携带桌几,"列炉焚香,置瓶插花,以供清赏"。文人读书,也喜香炉在案,同时在案几上插上一瓶花,花不用多,瓶也不用大,却是香烟袅袅,香风阵阵。

文人会友,也会焚香、插花,更别说点茶煮茶,有私密的书画收藏和古器物,或者自己新近的得意之作,也是要拿出来分享鉴览的,这才是待客之道。兴之所至,大家还会一起吟诗作赋以助兴,高翥《春日杂兴》言"多插瓶花供宴坐,为渠消受一春闲",苏辙《戏题菊花》言"春初种菊助盘蔬,秋晚开花插酒壶"。

当然,对于文人雅士来说,最心仪的还是书斋独处,与花对视。

南宋　马公显　《药山李翱问答图轴》（局部）

宋画《寒窗读易图》（佚名），向我们展示了一位隐居于寒林的雅士，独坐书斋欣赏瓶梅的场景。画中文人的书桌上有一青色胆瓶，内插梅花，呈倾斜式造型。文人书斋中的胆瓶梅花，从造型到取材都表达了一种清寂的美。观者虽然不知道这位画中人的身份，甚至也不知道是谁画了这幅画，但这瓶中造型简单又透着不俗的梅花，仿佛与喜爱该花卉的雅士之间建立起一种气质与德行上的联系。

宋代的崇文政策，对文人来说当然是福音，但由此造成的内卷也是空前的，很多人产生失落与倦意，退至书斋，小瓶插花，聊以自慰。这隐喻了宋代文人一种想要追求超然的人格精神，即使室外风波迭起，若能折得梅花一枝插贮瓶中，与之悠然相对，便自在自抱掬。宋代文人的书斋清供插花以"清""疏"的艺术风格为主，讲究素雅纯粹的简单美，用极简的线条、特定的花卉彰显主人情志。

4. 禅意插花

马显公是南宋画院的待诏,他创作的《药山李翱问答图轴》以唐代李翱的禅诗《赠药山高僧惟俨》"练得身形似鹤形,千株松下两函经。无来问道无余说,云在青天水在瓶"为构思,是一幅典型南宋画院风格的佛画。但其中的插花画面,却明显与前文提到的宗教插花不同。

图中药山惟俨面前有一高颈瓷瓶,一枝梅花独插其中,梅枝向下以锐角转折,疏瘦古怪,彰显出整枝梅的力度感与傲骨感。枝上数点梅花,又形成淡柔相济的效果。也许这瓶梅花正是药山惟俨亲手插制,但更大的可能是马公显根据自己对于禅意的理解而借用梅花创作,以表达药山"一梅花一乾坤"的境界和自己对梅花"以韵胜、以格高"高洁、清雅之情的崇敬之心。这瓶单枝梅花插花不论是谁的创作,都与徽宗倡导的极简式插花如出一辙,彰显出文人清供式插花的风格,其水平丝毫不亚于徽宗的单枝茉莉插花。

5. 民间插花

宋人全民爱花,所以民间插花也很盛行,寻常人家每逢节俗或祭祀也会插制花卉供养。比如端午节,据《西湖老人繁盛录》记载:南宋都城端午节,杭州人从初一开始,城内外家家都插菖蒲、石榴、蜀葵花、栀子花之类。《梦粱录》也记录了杭城市都风俗:从五月初一至初五,家家买桃花、杨柳、葵花、石榴花、蒲叶、伏道艾,和茭、粽、五色水团、时果、五色瘟纸一起,当门供养,也就是插在门上,或插制在放置于门外的大花盆里。这类插花是为了应时节之需,基本上各家自己动手,只是图个吉利,所以可能也不太讲究。

插花流派

宋人插花主体多样,但如果按照风格来区分,则又可分为"院体花"和"理念花"两类,尤其是"理念花"更讲究形式意韵。

1. 院体花

宋代院体花承唐代宫廷插花的隆盛豪华风格,多表祥瑞繁荣之意,满足宫廷审美,以装饰为主,多鲜艳、热烈的暖色。花材的选取以牡丹、海棠、山茶、栀子等名贵艳丽品种居多,且花器精美、花材硕大、枝叶繁缛、结构严谨,具有华美、丰盈、隆盛、色彩艳丽却不凡俗的特征,可谓"华丰盛艳",这种风格的插花被称为"院体花"。

2. 理念花

宋代理念花喜欢把哲思与大自然相联系,穷通物理、意境含蓄,在一花一叶中得逍遥之乐,具有古朴、静谧、挺健、淡然的特征,可将其概括为"古静健淡"。它舍富丽繁密为清疏秀雅,所插多以松、柏、梅、兰、竹、水仙等寓意高雅、表现理念的花材为主,借花的气质比喻人的精神,作品契合伦理。由于宋代有古铜器鉴赏的风气,因此古铜器常作为花器使用,插制出的作品多求清雅、求奇古,内容重于形式,故有"理念花"之称。宋代理念花的样式多为"枝花",数量一般较少且多为奇数,犹以瓶花最具特色,树立了宋代插花之风范,如赵佶《听琴图》中的插花就是宋代理念花样式的代表作品。

如果从插花的构图形式来区分它的形式美,则可分为三角形构图、直立式构图及线条勾勒式构图。

三角形构图——呈现开合呼应之理

在宋画中,三角形构图的插花多有呈现,此类构图所表现的花材取材通常较短，却开合呼应，给人以平稳、开阔、端庄、雍容的美感。李嵩的《花篮图》之一为典型的不等边三角形的院体式插花，画中描绘的是应时繁花插篮、绽放生机的欣欣向荣之景。花与篮的比例约为二比一，枝叶向四面呈辐射的半圆状，俨然生命韵律的伸展，篮中所插枝、叶、花虽繁，却疏密有致，花材枝梗较短，强调花朵之美，聚散疏密间带有均衡感，稳妥不失活泼。

直立式构图——呈现开合聚散之理

直立式构图以表现宋代理念花为主，以清疏枝花的形式存在，树立了宋代插花的典范，此类插花顺应花材的直立生长特性构图，一般长度大于宽度，具有一种向上的引力，给人以开合聚散有度、均衡端庄之感。

宋佚名《胆瓶秋卉图》中绘一深色胆瓶，立于镂空的方形花座之上，上插五枝粉菊、一枝花蕾。枝条清疏，取直立式构图，更显其雅致、亭亭玉立。插花整体层次分明，上中下、前与后，清楚明了。主花最高，直立向上，近乎器物的高度，花开最盛；左右两朵稍低且倾斜，近瓶口处有三枝配花相称，以绿叶掩映，衬出主花之盛。整体造型均衡又不完全对称。菊花在宋代有"佳友""寿客"之称，"取花如取友"，选其插花，取其"品性"的清、静之美与"长寿"的吉祥寓意。画上有题诗："秋风融日满东篱，万叠轻红簇翠枝。若使芳姿同众色，无人知是小春时。"

线条勾勒式构图——"工"与"逸"

宋代在"格物致知"精神的影响下，尤其重视对物形、物理、物性的表达。

赵佶《听琴图》中的插花，置于整幅画的最前方，近景安排使其直接映入眼帘，此株插花以古铜鼎为花器，插制茉莉花枝，轻巧飞扬,置于太湖石上。铜鼎描绘细致,花纹清晰可见,更具古典美。铜鼎下的太湖石顿挫、缓急不同,细密精致的笔法中略见放逸,变化丰富。图中插花以工写结合完成,线条组织繁简有致、刚柔相济,生动富有气韵,进一步丰富了花鸟画线条的审美内涵。

第五章 插花：醉里插花花莫笑

花器花具

虽然瓶器插花早在魏晋时期就已出现，但瓶花的流行却是在宋代，这与宋代家具发生根本性变化有关。宋以前的国人基本席地、矮几，至宋代才出现更符合人体舒适度原理的高坐具。不要小看这一变化，由此引发的中国人书写习惯的改变，足以改写中国的艺术史。而瓶花的流行，也正是适应了这样一种革命性变化。

从相关记载可知，宋代插花所用之瓶种类丰富，尤其是在宫门之内。南宋周密《武林旧事·卷二》中记有宫廷节庆插花用的花器："碾玉、水晶、金壶，及大食玻璃、官窑等瓶，各簪奇品……至于梁栋窗户间，亦以湘筒贮花……"可知宫廷的礼俗性插花所配花器有碾玉瓶、水晶瓶、金壶，还有从国外进口的玻璃器皿，以及临安城内修内司窑烧制的官窑瓷器，追求的是富丽堂皇的人工之美。当然，也有用湘竹制成的竹筒贮水插花的，追求的是浑然天成的自然之美。

1. 瓷瓶插花

宋代被称为"瓷器时代"，由于瓷业的高度发达，一般人家插花使用最多的应该还是瓷瓶。当然，民间是不可能使用宋官窑瓷器的。从存世的器物来看，基本上涉及北方的各类窑口，如汝窑、定窑、钧窑、耀州窑、磁州窑等，南方的建窑、吉州窑、景德镇青白瓷以及浙江的龙泉窑、越窑等，甚至还有高丽青瓷。器型也是丰富多样，有梅瓶、鹅颈瓶、玉壶春瓶、花口瓶、弦纹瓶、纸槌瓶、筒型瓶、盘口、直口等不一而足。造型及装饰有的繁复，有的纯素，各取所需，但总体来说匀称秀美、自然端庄又不失轻灵俏丽。

在众多瓷花瓶中，有一种小胆瓶特别受到文人阶层的青睐。小胆瓶的造型"上锐下圆，略如垂胆"，简约大气又不失轻灵俏丽，尤其是青瓷小胆瓶，颇得士大夫之心。无名氏《南歌子》"彝鼎烧香异，胆瓶插嫩菊"，彝鼎香炉的古朴与胆瓶嫩菊的清新相映成趣；徐介轩"翠叶金花小胆瓶，轻拈款嗅不胜情"，小胆瓶的轻巧精致跃然纸上。

宋代的精英阶层是有审美的分级要求的，受此影响，宋代的工艺美术的高端风格，也力求表达简约大气，源于自然又高于自然之美，哪怕是一只小小的插花胆瓶。

南宋官窑镂空瓶，此款内置胆式套瓶，可蓄水插花，套瓶外观镂空，瓶上刻单瓣仰莲，底刻双重仰莲，中以镂孔缠枝花卉连接为套瓶外饰。瓶内呈深灰胎，圈足露胎处呈灰褐色。瓶外全身施粉青釉，施釉厚重，润色如玉。

宋代专为插花设计的器物也已经普遍使用，有五孔花器、六孔花器、十九孔花器、三十一孔花器等，解决了插花过程中花材的固定问题。据考证，这种独特的器型早在唐末五代即已出现，被称为"占景盆"。

而在民间，则不那么讲究。比如端午节，按照都城临安的习俗，家家户户都插花、供花。《西湖老人繁盛录》记载："虽小家无花瓶者，用小坛也插一瓶花供养，盖乡土风俗如此。寻常无花供养，却不相笑；惟重午不可无花供养。"一般的小户人家，因为受经济或者时间条件限制，平时无花供养，大家都不会笑话，但是如果连端午节这天都不插把花供养，则会被街坊邻里耻笑了。所以那些家庭哪怕没有花瓶、花盆之类的花器，也会想方设法用小坛之类的容器插上一盆花。这类小坛，可能就是一些土定瓶、陶盆之类，或者就地取材也未可知。

2. 铜器插花

宋人喜用古铜器插花。最经典的还是当属《听琴图》里的古铜鼎插花。

第五章　插花：醉里插花花莫笑

宋之前出土的青铜器很少，到了宋代，随着铜器出土的日益增多，逐渐形成收藏、研究青铜器的风潮。物以稀为贵，反之亦然。宋人不再诚惶诚恐地对待出土的青铜器，而是喜将之作为插花容器，想来也是因为见多识广了。他们根据养花经验，还从植物生理学的角度对此进行了解释，赵希鹄《洞天清录》："古铜器入土年久，受土气深，以之养花，花色鲜明如枝头，开速而谢迟。"古铜器入土千年，受土泌等影响，铜器表面会腐蚀产生铜绿。用其插花，瓶中析出的微量元素对花具有滋养作用。新铜器当然也会析出微量元素。陆游"一枝自浸铜瓶水，喜与年光未隔生"表达的也是这个意思。

铜器具有适合植物生长的元素以及杀菌防腐作用，一直被拿来解释为宋人用铜器插花的直接原因。但这背后还有深层的原因。宋代是一个讲究礼制的时代，长期以来一直重视对三代礼器的研究。入宋，因出土器物增多，文人士大夫得以近距离考察这些珍贵的前朝遗物，研究古代钟鼎彝器、碑碣石刻，考辨今古文字的金石学兴起。有史可考的宋代关于金石的图录和考释之作就有8种，至今传世的吕大临《考古图》著录了200余件青铜器。到了宋徽宗时期，更是掀起了复兴礼制的高潮。徽宗设置议礼局，"召求天下古器，更制尊、爵、鼎、彝之属"，编纂完成《重修宣和博古图》，收录839件古器，并依样重新铸造礼器。除皇家收藏和使用以外，还根据不同品级赐给文武百官，用作家庙礼器，"礼以辨上下，定名分"。出土的三代青铜器、古器物的著录作品，以及以其为蓝本的仿制青铜器大量在世间流传。

宋徽宗对于古器的使用态度是灵活的，他主张复古不泥古，旧制新用、旧瓶新酒亦可。《政和五礼新仪》序曰："循古之意而勿泥于古，适今之宜而勿迁于今。"青铜器插花反映了在宋代铜器复古潮流中的这一倾向，改青铜礼器为实用器，变礼仪用器为陈设用器。《听琴图》中插花的容器，其实并不确定到底是古铜器还是仿古铜器，但这一鼎器插花并非简单的装饰，而是特殊时代的产物，它既寄托了宋代皇室对礼制复兴的愿望，又饱含着礼制改革的希冀，也是身份的象征。

3. 藤器插花

除铜瓶、瓷瓶等花器外，竹藤编制的花器也使用广泛。李嵩、赵昌《花篮图》中花篮的编制形制相同，图案繁复、造型优美，水平十分高超，代表了当时最顶级的竹藤编工艺水准。从花篮扁平宽大的造型和插制完成的花卉体量来推测，篮内应有固定花枝和盛水保鲜的器物。而在《盥手观花图》中插花器也有藤编器，呈直立腰鼓形造型，简洁实用。由于藤编品镂空的原因，推测内部应该也有兼具固定花枝作用的小型盛水容器。宋人藤器插花与铜器插花相映成趣，它表达的是师法自然、天人合一的审美倾向，用现在的话说就是纯天然、绿色、生态、环保，古人总是说得更含蓄罢了。由于取材便宜，竹、藤器在民间一定被更广泛使用，工艺和造型也会更简单，只不过由于竹和藤都是易腐烂的有机物，除了图像资料，几乎没有留下考古实物。

在宋代的诗文中，描写"瓶中插花"的十分普遍，其中有不少生活在南宋时期的诗人，如陆游、杨万里、范成大、韩淲、方回等人，他们诗文中出现的花器，材质可见瓷、铜、银、琉璃、水精（水晶）等；器型除了仿古也多见创新，有胆瓶、纸槌瓶、鹅颈瓶、花觚、梅瓶、花口尊、多管瓶、占景盆等，均是宋人花器中的经典造型。

4. 花几、花托、花座

除花器外，几架、花托、花座也是插花摆设常用之物。

花几

大型插花，有些直接放置在地上，有些会被安置在较高的花几或花架上。花几材质多样，有石器、木器等，如南宋宫廷在钟美堂举办的牡丹花展上，就有花石围筑的台子，有雕花的彩色木质栏杆等，用以安置大量的牡丹插花。

《听琴图》中的铜鼎花器被安放在室外一座天然的太湖石几上。但大部分的小型室内插花，则一般都会安置在家具类的几案上，以供近距离观赏，如《盥手观花图》局部。

《燕几图》里还详细规定了宴赏时几案的摆放、花几的位置等。

花托

有的造型比较特殊的花托，形状呈方、圆、椭圆、多边形等各异，以单色、暗色为主，起陪衬和保护花瓶的作用。如《妆靓仕女图》《胆瓶秋卉图》中的花托采用了镂空的造型，主要起保护花瓶的作用。

而有些花托应该还兼具盛水的作用，如《文会图》中精巧的花器下还垫有讲究的带脚托盘。

花座

花座主要起到固定和垫高花器的作用。不少花瓶的底足会留有对称的方形小口，用以穿带，将花瓶固定在花座上。

宋　佚名　《花篮图》描绘的竹花篮

长 47 厘米，宽 46 厘米

台北故宫博物院藏

该《花篮图》为工笔竹编篮花图。画中的篮花应为采摘后即刻写生，选用的荷花和兰花是宋代插花常使用的花材。以花篮为容器的插花造型在宋代比较常见。宋代的竹篮造型典雅，使用竹篮作为花器插花时可保持花材本身的自然美，使花材的造型更富有蓬勃的生命力和韵律感。

在宋画中篮花的题材较多，较为著名的是李嵩的几幅季节性的花篮图。根据鲜花摆放于篮中以及花篮的样式来推测，此图并非以篮为花器进行插花，而是将采摘下来的鲜花装入篮中的情景。采摘下来的花材被装入中部镂空的竹制花篮，这种花篮的结构可以使花材在采摘后运输的过程中保持最大的新鲜度，兼具实用性及观赏性。此图也是有关鲜花存放器物的珍贵研究资料。

北宋汝窑青瓷水仙盆

高 6.9 厘米，横 23 厘米，纵 16.4 厘米

台北故宫博物院藏

该水仙盆椭圆形，侈口，深壁，平底凸出窄边棱，四云头形足。周壁胎薄，底足略厚。通体满布天青釉，极匀润；底边釉积处略呈淡碧色；口缘与棱角釉薄处呈浅粉色。裹足支烧，底部有六个细支钉痕，略见米黄胎色。全器釉面纯净无开片，在传世汝窑器中极为独特。

南宋官窑花盆

高 19.7 厘米，口径 23.5 厘米，底径 11.5 厘米

南宋官窑老虎洞遗址出土

杭州西湖博物馆总馆藏

此花盆渣斗形，圆唇，口、颈呈喇叭状，斜肩，圆腹，下腹斜收，圈足外撇，足面刮釉露紫灰胎，底心有一圆孔，唇外贴饰一道水波纹，肩部、下腹各贴饰弦纹一周。施粉青釉，内壁釉色较匀，外壁釉色略泛灰，有稀疏开片。

这类深腹盆相似器形有在安徽出土的一件宋景德镇窑影青柳斗纹花口带座盆，日本爱知县中之坊寺藏南宋陆信忠《佛涅槃图》中也绘有同款形制器，由此可见其原是香案上的花器。

宋铜琮

高 22.4 厘米，直径 5.5 厘米

1996 年四川彭州工业大道宋代窖藏出土

彭州市博物馆藏

该彭州窖藏出土之铜琮一式两件，方体圆口，圈足，瓶身四角两边为长短互迭的乾坤驵纹及云雷底纹，中间通槽刻有飞龙纹。琮在先秦时期是一种用于祭祀朝飨的重要礼玉，从新石器时代一直沿用到汉代。本器的形制仿自先秦的玉琮，纹饰则取材于商周时期的青铜器纹样。宋代多将玉琮当作珍稀古董收藏，并制作玉、铜、瓷、石制仿制品，作为祭祀或陈设用器。明清之后这类瓶叫蓍草瓶。

南宋铜贯耳瓶

高 18.8 厘米，口径 6.7 厘米，底径 7.5 厘米

浙江省博物馆藏

20 世纪 50 年代浙江杭州武林门外城墙下出土

该贯耳瓶略呈扁椭圆形，侈口平唇，束颈，溜肩，双贯耳，鼓腹微垂，高圈足，无底，上下贯通。三道凸弦纹将器身纹饰分成四部分，主体纹饰为斜方格纹及变形蚕纹，云纹作地。贯耳瓶是宋代瓶的常见制式之一，器形仿汉代投壶式样，直颈较长，腹部扁圆，圈足，颈部两侧对称贴竖直的管状贯耳。它是在汉代投壶制式的基础上发展演变而来的。贯耳瓶插花的图文信息较为缺乏，此处仅作瓶型参考介绍。

南宋官窑青釉蒜头瓶

高 13.2 厘米，口径 3.2 厘米，底径 5.7 厘米

故宫博物院藏

瓶直口，颈部细长，腹部由凹凸的棱线形成似蒜头状的形体，圈足。通体施青灰色釉，釉面开片，开片较大且遍布器身。此青釉瓶身似蒜头而非瓶口似蒜头。

南宋官窑青釉镂空瓶

高 22.3 厘米，口径 6 厘米，底径 8 厘米

南宋官窑老虎洞遗址出土

杭州西湖博物馆总馆藏

整体形制实为玉壶春造型。独特之处在于腹部分为内外两层，内层为胆瓶，外腹部做镂空装饰，上腹刻双线仰莲，下腹刻双重仰莲，中段以镂空缠枝花卉相连。深灰胎，施灰青釉，乳浊失透，有细密纹片。圈足刮釉垫烧，露胎处呈灰褐色。

此器应为拉坯成型，再在外腹进行镂雕，制作及烧造工艺难度都很大，反映出南宋官窑工匠高超的制瓷水准。在老虎洞南宋官窑中还出土一种镂空套炉，其制作工艺与套瓶基本一致。

南宋铜钫

高 25.5 厘米，口径 7 厘米

20 世纪 50 年代浙江杭州武林门外城墙下出土

浙江省博物馆藏

器物方体四棱式，方唇，口微侈。长颈，斜肩，四棱腹，腹上大下小，壁略弧，无底。肩腹两侧各附一铺首衔环。出土时共两件，同时还有一件长方形铜鼎。

以铜钫插花在宋元画作中多有体现，日本京都大德寺藏有南宋淳熙五年至十五年（约 1178—1188）的绢本着色《五百罗汉图》共 82 幅，涉及佛教插花的图像资料有 8 幅，其中便有铜钫用于插花的场景。

南宋龙泉窑青釉五管瓷器

高 12.1 厘米，口径 4.8 厘米，腹径 13.8 厘米，底径 7 厘米

四川宋瓷博物馆藏

1991 年四川遂宁金鱼村窖藏出土

该五管器平口，平沿，直颈，斜肩，肩上堆附五管，管的高度与口部相若，肩腹部有折，斜腹略弧，腹部饰刻双层 19 瓣莲瓣纹，内壁的颈肩相接处有一道凸棱，圈足，足圈不甚规整，足心有轻微的鸡心状突起。白色胎略泛灰，通体施梅子青釉，釉层较厚，釉面光洁滋润，腹部有少许开片纹。足端未施釉，呈鲜艳的火石红色。此器物的功能及定名，学术界未达成一致的意见，疑似为花器。

宋龙泉窑青釉五管花插

高 4 厘米，口径 14.7 厘米，底径 10.1 厘米

四川省简阳市东溪园艺场遗迹窖藏出土

四川博物院藏

该器胎质灰白细腻，施粉青色厚釉，宽沿口、直腹、圈足。内底有五个空心直立小圆柱，柱下均有一圆孔。

这种浅盘类花器在宋画中也可见，如美国大都会艺术博物馆藏宋代李公麟绘《孝经图》中就有一撇足多曲盘，其上插有一束三角立体造型的花卉，很是规整，显然被精心修剪过。从画中可清晰看到，盘内底周边留有很大的空隙，花卉似从盘中部生长而出，可见在此盘中央有管状物可供插花。

参考文献

专著

［宋］周密撰《武林旧事》（附［明］朱廷焕撰《增补武林旧事》），中州古籍出版社 2019 年版。

［宋］王辟之撰《渑水燕谈录》、［宋］欧阳修撰《归田录》，"唐宋笔记史料丛刊"，中华书局 1981 年版。

［宋］范成大等撰《范村梅谱》，"宋元谱录丛编"，上海书店出版社 2017 年版。

［宋］欧阳修等撰《洛阳牡丹记》，"宋元谱录丛编"，上海书店出版社 2017 年版。

浙江省博物馆编《荷物志》，上海书画出版社 2022 年版。

［宋］郭熙撰《林泉高致》，中州古籍出版社 2012 年版。

包伟民等著《在田野看见宋朝》，浙江古籍出版社 2022 年版。

朱刚著《苏轼苏辙研究》，复旦大学出版社 2019 年版。

［宋］苏轼撰《苏轼文集》，中华书局 1986 年版。

［宋］林洪撰《山家清供》，中华书局 2013 年版。

［宋］王黼撰《宣和博古图》，"宋元谱录丛编"，上海书店出版社 2017 年版。

漆侠著《宋代经济史》，上海人民出版社 1987 年版。

唐圭璋编《全宋词》，中华书局 1965 年版。

北京大学古文献研究所编《全宋诗》，北京大学出版社 1995 年版。

杨建飞主编《宋人花鸟》，中国美术学院出版社 2021 年版。

苏国强主编，赵少俨编著《中国历代经典绘画粹编·宋代·百花图》，中国书店2021年版。

［宋］李心传撰《建炎以来朝野杂记》，"唐宋史料笔记丛刊"，中华书局2000年版。

［宋］周密撰《癸辛杂识》，中华书局1988年版。

［宋］周密撰《齐东野语》，"历代笔记小说大观"，上海古籍出版社2012年版。

［宋］吴自牧著，周游译注《梦粱录》，二十一世纪出版集团2018年版。

［日］斯波义信著，庄景辉译《宋代商业史研究》，浙江大学出版社2021年版。

［日］斯波义信著，方健、何宗礼译《宋代江南经济史研究》，江苏人民出版社2012年版。

万宏著《中国插花历史研究》，化学工业出版社2020年版。

扬之水著《香识》，生活·读书·新知三联书店2020年版。

刘静敏著《宋代〈香谱〉之研究》，文史哲出版社2007年版。

［宋］陈敬著，伍茂源编著《香谱》，江苏凤凰出版社2019年版。

［宋］洪刍等著，顾宏义主编《香谱》，上海书店出版社2018年版。

［宋］洪刍撰《香谱》，［宋］陈敬撰《陈氏香谱》，中国书店2018年版。

苏国强主编，赵少俨编著《中国历代经典绘画粹编·宋代·百花图》，中国书店2021年版。

杭州西湖博物馆总馆编，潘沧桑主编《清芬入怀》，浙江古籍出版社2021年版。

杭州西湖博物馆总馆编，潘沧桑主编《疏窗花影》，浙江古籍出版社2021年版。

杭州西湖博物馆总馆编，潘沧桑主编《盆研茶香》，浙江古籍出版社

2021年版。

中国茶叶博物馆编，王建荣主编《话说中国茶》，中国农业出版社2011年版。

王国平总主编《西湖茶文化》，杭州出版社2013年版。

［宋］蔡襄等著《茶录》，上海书店出版社2015年版。

刘祖生、刘岳耘主编《中国茶知识千题解》，山东科学技术出版社2010年版。

宋联可著《宋代点茶》，化学工业出版社2022年版。

期刊

《宋代历史再认识》邓小南，《河北学刊》2006年第5期。

《南宋在中国历史上的地位和影响》何忠礼，《河北学刊》2006年第5期。

《宋代文明的历史地位》王曾瑜，《河北学刊》2006年第5期。

《初论宋代文人陶瓷花器的喜好》张宸，《陶瓷文化》2022年1月。

《南宋临安园林》姚毓璆、郑琪生，《中国园林》1993年第2期。

《宋代花瓶》扬之水，《故宫博物院院刊》2007年第1期。

《论宋代插花的清雅之美》王桂林，《装饰》2015年8月。

《从朝廷戴花簪花礼仪探微宋代礼仪制度》王延东，《兰台世界》2013年11月。

《论宋代文人对中国传统插花艺术风格的优选》徐寅岚，《美术研究》2021年4月。

《茶墨之缘，源远流长——宋代绘画中的茶文化解析》闫小荣，《福建茶业》2017年第11期。

《茶文化视角下宋代士大夫的审美人生》刘子宁，《佳木斯职业学院学报》2020年第3期。

《从宋代茶诗看宋代茶文化精神》尹江铖,《农业考古》2019 年第 5 期。

《宋代绘画中的茶饮图像与文化研究》王陆健,《福建茶业》2018 年第 4 期。

《探究宋代茶事绘画的文化内涵》李芳,《福建茶业》2017 年第 1 期。

《李嵩〈花篮图〉的图像意义》闫锦,《中国美术研究》2019 年 12 月。

《浅析唐宋纹样》高子薇、张成仪,《服装服饰》2019 年第 4 期。

《身份与趣味——〈听琴图〉中的鼎插花》石榴,《湖北美术学院学报》2020 年 4 月。

《审美取向与时间表征——四川宋代画像石室墓的花卉石刻》赵兰,《四川文物》2017 年第 3 期。

《宋代花卉的实用性消费》魏华仙,《中国农史》2006 年 2 月。

《宋代折枝花卉绘画审美意趣研究——以宋画〈折枝花卉四段图〉为例》蒋瑜菡,《美术教育研究》2022 年。

《宋代种花、赏花、簪花与鲜花生意》汪圣铎,《文史知识》2003 年第 7 期。

《唐人爱花和宋人爱花——浅谈唐宋花卉纹样的流变》汪燕翎,《美术与设计》2021 年。

《文雅之美——古瓷装饰上的博古插花画》杨俊艳,《收藏》2019 年 5 月。

《妆样巧将花草竞——两宋金银酒器造型与纹饰的诗意解读》扬之水,《装饰》2016 年 8 月。

《尽将春色赐群臣——宋代皇帝的元日簪戴》洛梅笙,《紫禁城》2018 年第 1 期。

《浅论中国传统哲学与中国古代插花艺术的发展》王娜、郭风平,《西北林学院学报》2006 年第 3 期。

《宋代诗词雅俗走向的文化成因》李冬红,《南阳师范学院学报(社会科学版）》2010 年 4 月。

《宋代丝织花卉纹样及其在现代家纺中的应用》苏淼等，《丝绸》2013 年 4 月。

《从宋代插花、焚香的习俗看时人的生活——从汝窑花器、香器谈起》熊振东，《东方收藏》2018 年第 22 期。

《关于宋词中若干熏香类词语的解释》曹海东，《文史杂志》2002 年第 4 期。

《黄庭坚与香》邱美琼，《文史杂志》2014 年第 1 期。

《宋代蔷薇水考释》张婉莉，《西北美术》2017 年第 1 期。

《宋代尚香文化与人文内涵》杨庆存，《东北师范大学学报（哲学社会科学版）》2019 年第 4 期。

《宋代香料贸易及其影响》严小青，《江苏商论》2017 年第 4 期。

《宋洪刍〈香谱〉版本源流考》沈畅，《中国古籍整理研究学刊》2018 年第 1 期。

《文人香事》于洁，《大众文艺》2021 年。

《论宋代北苑官焙贡茶》沈冬梅，《浙江社会科学》1997 年第 4 期。

《浅谈宋代茶诗中的北苑贡茶》罗昊，《中国茶叶》2023 年第 4 期。

《宋代文人：茶文化行为主体的角色承担》沈冬梅，《农业考古》2014 年第 5 期。

《宋人笔记中的赐茶文化初探》李晓燕，《现代交际》2017 年第 7 期。

《南宋时期临安书画市场繁荣的原因及特点》吕友者，《艺术探索》2010 年第 4 期。

《宋画唐十八学士图中的陈设艺术》郭菊，《陈设艺术》2019 年第 5 期。

论文

《茶与中国医药文化》许佳，黑龙江中医药大学博士学位论文，2021年6月。

《宋代咏花诗的新变》陈靖文，三峡大学硕士学位论文，2018年6月。

《南宋两浙地区花卉市场初探》苏秀梅，华中师范大学硕士学位论文，2018年5月。

《南宋临安园林史存研究》林琦东，中国美术学院硕士学位论文，2019年6月。

《宋代生色花图案研究》秦海伦，南京艺术学院硕士学位论文，2021年5月。

《宋代女性妆饰研究》纪昌兰，河南大学硕士学位论文，2013年5月。

《宋诗中的男子簪花现象研究》谭艳玲，西南大学硕士学位论文，2013年4月。

《中国古代花卉文献研究》黄雯，西北农林科技大学硕士学位论文，2003年5月。

《中国古代植物装饰纹样发展源流》张晓霞，苏州大学硕士学位论文，2005年10月。

《花卉与宋代文人生活》吴丹丹，安徽大学硕士学位论文，2019年5月。

《宋代青瓷占景盘造型与审美特征的探究》陶欣，中国美术学院硕士学位论文，2016年12月。

《北方地区宋辽金墓葬花瓶图像研究》张静，河南大学硕士学位论文，2020年6月。

《宋代陶瓷熏香炉的沿革及特征研究》朱希睿，中国优秀硕士学位论文全文数据库，2011年第S1期。

《宋代熏香文化及其文学书写》吴苏萍，南京师范大学硕士学位论文，

2018 年 4 月。

《文人意趣与宋代香炉设计研究》于洁，江南大学硕士学位论文，2015 年 6 月。

《北宋建安贡茶研究》张威，安徽大学硕士学位论文，2011 年 4 月。

《建窑黑釉茶盏的兴起与宋代斗茶文化》杨洵，首都师范大学硕士学位论文，2012 年 5 月。

《论陆游的茶诗与茶事》顾云艳，江南大学硕士学位论文，2008 年 6 月。

《宋代茶叶产区、产量及品名研究》王超，安徽农业大学硕士学位论文，2020 年 6 月。

《唐宋土贡对区域经济作物带形成的影响》李艳军，河北师范大学硕士学位论文，2017 年 9 月。

《生态视野下的宋代绘画》张濯清，华中师范大学博士学位论文，2016 年 5 月。